走进广州好教育丛书·好校长系列

ZOUJIN GUANGZHOU HAOJIAOYU CONGSHU HAOXIAOZHANG XILIE

陈祥春◇著

教育即改变

北京师范大学出版集团
BEIJING NORMAL UNIVERSITY PUBLISHING GROUP
北京师范大学出版社

图书在版编目(CIP)数据

教育即改变/陈祥春著. —北京：北京师范大学出版社，2022.10

(走进广州好教育丛书. 好校长系列)

ISBN 978-7-303-27762-9

Ⅰ. ①教… Ⅱ. ①陈… Ⅲ. ①中学—校长—学校管理—研究 Ⅳ. ①G637.1

中国版本图书馆 CIP 数据核字(2022)第 013834 号

图书意见反馈：gaozhifk@bnupg.com 010-58805079

营销中心电话：010-58802755 58800035

北师大出版社教师教育分社微信公众号 京师教师教育

JIAOYUJIGAIBIAN

出版发行：北京师范大学出版社 www.bnupg.com

北京市西城区新街口外大街 12-3 号

邮政编码：100088

印　　刷：保定市中画美凯印刷有限公司

经　　销：全国新华书店

开　　本：730 mm×980 mm 1/16

印　　张：12.75

字　　数：161 千字

版　　次：2022 年 10 月第 1 版

印　　次：2022 年 10 月第 1 次印刷

定　　价：46.00 元

策划编辑：郭　翔　　　责任编辑：郭　瑜

美术编辑：焦　丽　　　装帧设计：焦　丽

责任校对：陈　民　　　责任印制：赵　龙

丛书编委会

好校长系列编委会

总序一

《国家中长期教育改革和发展规划纲要(2010—2020年)》提出:“办好每一所学校,教好每一个学生。”近年来,各地涌现了一批好学校、好校长、好教师。总结和推广他们的经验,是推动我国教育改革和发展,提高教育质量,促进教育现代化的强大动力。广州市是我国改革开放的前沿,不仅有着深厚的文化积淀,而且在改革开放中敢为天下先,在教育领域积累了许多新经验。广州市教育局在《广州市教育事业发展第十二个五年规划》文件“办好让人民满意的教育”的要求下,决定组织编写“走进广州好教育丛书”,实在是适逢其时。这是对广州市多年来教育改革创新的一次总结,也是对广州市今后教育改革的一次推动。

根据编委会的设计方案,丛书拟从广州市1000多所中小学校、10多万名教师中选出10所“好学校”、10名“好校长”、10名“好教师”列入首批出版计划。他们有的是已有100多年建校历史,积淀了深厚文化内涵,至今仍然在不断创新中继续勃发着育人风采的老学校;有的是办学时间不长,但在全校教职工磨砺创业、共同耕耘下办出水平的新学校。他们有的是办学理念先进、充满活力、管理经验丰富的好校长;有的是师德高尚、业务精湛、热爱学生的好教师。总之,他们热爱教育事业、热爱每一个学生,创造了卓越的成绩,是好学校、好校长、好教师队伍中的典范。

当前，我国教育正处在由数量发展转向质量提高的转折点上。到2020年，我国要基本实现教育现代化。教育现代化的实质就是要培养现代化的人。教育要回到原点，立德树人，培养具有为国家、为人民服务的责任心，具有创新精神和实践能力，并且具有国际视野和国际交往能力的人才。教育大计，教师为本。我们的校长和教师要立足中国，放眼世界，转变教育观念，改变人才培养方式，推动教育现代化的进程。

我希望广州市在编写“走进广州好教育丛书”的过程中继续挖掘先进人物和新鲜经验，率先实现教育现代化。

2016年7月

总序二

2014年的教师节前夕，我写了一篇《广州教育赋》，后来这篇文章在《中国教育报》上刊登了。在这篇赋中我有这么几句话："大信不约，好校长何止十百；大爱无疆，好老师何止百千；大成不反，好学生何止千万；大道不违，好学校就在此间。"中心意思是说，广州好教育是由成百上千的好校长、好教师、好学生和好学校共同铸成的。正是他们的大信大爱和大成大道，广州作为国家重要中心城市之一，在教育，尤其是基础教育方面，才能卓有建树，我们也才有可能推出一套"走进广州好教育丛书"。

在这篇序言中我想表达三个朴实的想法。

第一个朴实的想法是，一座城市的教育发展单靠一两所名校，几位名师、名校长是支撑不起来的。能够为这座城市源源不绝地提供人才智力资源的应该是那么一大群校长、一大批教师和一大拨学校。他们形成一个个各具怀抱的优秀群落，为这座城市辈代不绝地做着贡献，那我们就要为这一个个优秀群落树碑立传。对于广州这样有着将近1500所中小学的特大型城市而言，我们特别有理由这样做。正是大信不约(《礼记·学记》)——真正的信义不需要盟约，他们才会在每一所学校不断坚守；正是大爱无疆——博大的仁爱无边无际，他们才会为每一个学生殚精竭虑；正是大道不违(原为"大道无违"，《晋书·嵇康传》)——不违背教育的使命与历史发展的规律，他们才会为每一个进步中的时代进行着生动的背书。有了他们，才会有一座城市的教育；有了他们，才会有一座城市的发展。有人要问，这套“走进广州好教育丛书”出齐会有多少册？老实说，我也不能确定。这第一批推出的30册只是一个开始，但我相信，只要这座城市在发展，属于这座城市的教育大赋就一定不会有画上句号的时候，它一定会以这样或那样的形式展现出来。

第二个朴实的想法是，对于基层教育工作者来说，我们真正需要掌握的教育规律和教育法宝就那么几条，如果我们钻进教育思潮的各种主义与模式的迷宫中不得而出，那就容易忘记教育最基本的追求。几年前，广州一个区的教育论坛请来了顾明远先生，顾先生在论坛上说：“没有爱就没有教育，没有兴趣就没有学习。”我们深以为然。教育理论当然有很多，都值得我们认真学习，其他不讲，仅“因材施教”和“有教无类”两条，在我们的教育实践中是否做到了？我相信，如果我们做到了，那我们就有可能进入好教师、好校长、好学校的序列。所以，在这套丛书中，我们特别看重的是重返教育现场，讲好教育故事，今往兼顾。丛书所列既有杏坛前辈，也有讲台新秀；既有百年老校，也有后起名品；各好其好，好好共生。早在100多年前，广州教育就已经在现代化进程中开风气之先。比如说鼎鼎有名的万木草堂，20世纪20年代开辟新学堂；再比如说最早在广州推行开来的六三学制。在当下的教育大格局中，广州教育自然也不能落后，要有广州的好教育。

第三个朴实的想法是，好教育需要有一个好的教育生态。习近平总书记说：“我们的人民热爱生活，期盼有更好的教育。”我们要努力办好让人民满意的教育，那这个教育上的“好”应该体现在哪些方面？除了上面提到的好学生、好教师、好校长、好学校之外，好的教育生态应该是一个必不可少的要素，这其中的一个重要标志就是能够形成尽可能多的教育共识。我们组织编写这套“走进广州好教育丛书”，一个目的就是通过展示我们的教育实践来推动形成更多的教育共识：原来在我们这座城市，在我们身边，就有这些好的教育，值得我们称赞，值得我们珍惜。

我们的教育要全面上水平、走前列，这行进过程中积累起来的好教育基础就是我们不断奋力前行的保证。

最后，作为这套丛书的策划者，我要特别感谢北京师范大学出版社，我仍记得三年前，时任北京师范大学副校长的杨耕同志领着北京师范大学出版社的朋友们和我们讨论这套丛书编写出版规划时的热烈情景；我要特别代表广州市教育局感谢顾明远先生为本套丛书作序；还要感谢总主编吴颖民先生以及华南师范大学、广东第二师范学院、广州大学的分册编委的专家团队，正是有他们的认真组织和每一位分册作者的孜孜以求，这套丛书才得以和各位读者见面。

2016 年 7 月

序

XU

好教育一定是能改变学生选择的教育

我是1993年开始担任校长的，现在算来已有二十多年了。这二十多年来，从小城市到现代化大都市，从初中到高中，从学校到教育行政、教育科研部门，环境不断变换。我一路走来，有无限风光，有云谲波诡，但我对教育事业的满腔热情未减，办好学校的梦想没破灭。独特的管理经历，几十年的教育思考，坚定了我一生为之努力奋斗的教育信念——教育即改变；也形成了我秉承传统而又与时俱进的教育管理理念——科学、民主、文化、审美。

教育即改变，说是一种教育思想也行，说是一种教育理念也可以，但我认为说是一种教育信念更好。它基于对教育价值和意义的认同，是我对教育与人的价值的判断。好教育一定是能改变人的选择的教育，而且是能帮助人选择真善美的教育，是能帮助人选择向上向善的教育。如果我问我的学生"你学了我的课以后，最大的收获是什么"，我最喜欢听到的回答是"我学会了选择"，这包含的意义比收获满分更丰富；如果我问从学校毕业的学生母校教会了他什么，我最喜欢得到的答案当然是"母校教会了我选择"，这比考上名校更有终身受用的价值。

是的，教育即改变，教育对学生的改变首先是思维的改变。顾明远先生说：“教育的根本任务就是让学生的思维得到发展。思维的变化，人的观念的变化，这是学生成长的一个很重要的过程。”当今时代，思维方式促进社会发展。读书不一定能改变人的命运，但读书能改变人的思维方式。读书多的人和读书少甚至不读书的人，他们的思维方式的差距是非常明显的。学校作为育人的场所，课堂作为育人的主阵地，只传授知识、训练简单的能力是远远不够的，必须肩负起改变学生思维方式和培养学生学科素养的重任。实施思维课堂，让我们的课堂变得有思维的力度、思考的深度和思想的厚度。

教育即改变，从学校的层面来讲，就是要改变学校的氛围。好教育一定是学校制度环境与时俱进、不断创新的教育。学校是育人的场所，是学习、研究、成长的场所，有什么样的制度，就会有什么样的环境、有什么样的氛围。我从来相信一句话：制度能创造一个让人的聪明才智得到充分自由发展的环境，而不是限制人的自由发展。改变学校的课程体系是改变学生发展环境的核心，能为学生发展提供多样性的、选择性的、有特色的课程是学校管理不懈的追求。

改变需从细节抓起，要大胆假设，小心求证，稳妥实施。在我的教育实践中，有一句话一直在不断地提醒我：教育实验的道德底线是不让学生受到伤害。我们可以改变我们的课堂，改变我们的课程，改变我们的师资，改变我们的教与学的方式，但我们不能让学生成为受到哪怕半点伤害的“小白鼠”。

因此，学校管理是一门科学，科学是学校改变的基础。科学的管理理念的基本前提是尊重规律，尊重学校发展的规律，尊重学生和教师成长的规律，尊重教育适应社会发展的规律。尊重规律就需要善于发现规律和准确掌握规律，发现规律和准确掌握规律就需要思想和智慧，就需要“我们要运用脑髓，放出眼光，自己来拿”的拿来主义精神。思想、智慧和精神的源泉，就是学习和实践。勇于实践，在实践中反思，在反思中发展。学校也好，个人也好，都是在不断反思中日臻完善。

科学管理的基本手段是制度管理。制度创造环境，环境培育人。许多制度管理在确定行为标准的同时，给人以无限自由和超越标准的空间。精细的制度管理不是非人性化管理，而恰恰是实施人性化管理的载体，为人的全面、协调、健康发展提供了条件和空间。是不是人性化的管理，关键是看在制度的制定过程中，制度拟定的内容和制度的执行策略是否体现了民主思想、人本意识和人文关怀。我认为，科学的制度管理和人本管理并不冲突，人本管理的宗旨就是按照人发展的规律办事。

科学管理的策略是系统思维。学校的管理有一个周期，在预设的周期内该做什么事、怎么安排这些事、做这些事要达到一个什么样的目标、这些事的安排顺序有一个什么样的逻辑联系，这些都需要有前瞻性、整体性的思考，这就是系统思维。学校管理诸要素之间相互联系，牵一发而动全身，中心工作需要有一系列的辅助性工作的支撑。比如，"教学"是中心，那么德育工作就得抓形成良好的学习风气，养成健康的学习习惯和优秀的学习品质；后勤工作就得抓服务育人，创造保障条件；支部就得抓细致深入的教师思想工作，以多种形式调动教师的积极性；工会就得抓解决后顾之忧送温暖、组织健康快乐的活动、营造情感氛围等工作。不能为"教学"而教学，有经验的管理者是跳出"教学"抓教学的。又如，抓"有效课堂教学"，我们在把目光聚焦到课堂上的同时，还应该抓好集体备课、抓好教师教学能力培养。这就是系统思维，因为系统的各要素之间具有反拨作用。学校工作规划(计划)要讲系统思维，学校日常工作安排要讲系统思维，校长处理事务更要用系统思维的头脑。

系统思考最大的好处在于帮助我们在复杂的情况下与各种可行的方

案中寻找有效的高杠杆解，系统思考的艺术在于看穿复杂背后引发变化的结构。事实上，以熟悉系统思考作为管理修炼，其精义在于：当其他人只能看到片断的事件而被迫不断做出反应之际，自己已经能看清全貌，并掌握其中关键。用好系统思维，进行整体思考，需要校长精通学校管理内涵，“生平多阅历，胸中有丘壑”。

科学管理的核心是创新，创新的前提是调研。学校调研的形式多种多样，但学校调研的目的归根到底只有一个，就是解决问题。学校发展到一定的阶段，其实常规性的问题应该不多，稳定发展是关键，但稳中有发展就需要创新，创新就是寻求突破。一所学校经过一个周期的运作，会出现一些普遍性、制约性的问题。一个校长经过自己一段时间的学习、调研、思考，总会有自己的想法、主张，总会有一定的实践冲动。在新学年的计划中，总会有一些新举措。这样，学校的发展才有活力，校长的工作才有价值。

民主，是学校变革的保障。落实民主的管理理念，主要是增强民主管理意识，健全民主管理机制，实施民主监督和校务公开。

民主管理意识的核心价值取向是公平、公正、人本，人本取向是学校管理的出发点和归宿。人本就是尊重人、肯定人、发展人，发展的主体是依靠人，发展的目的是为了人，发展的结果为人所享有。学校的民主管理还需要有健全的民主管理机构和制度，常见的民主管理制度有调研制度、民主生活会制度、校务公开制度等。

实施民主监督的基本理念是让教职工享有知情权、参与权和决策权。监督是有组织和纪律的，如党组织、教代会及相关的政策、纪律，也有舆论的、媒体的和非正式群体的监督。作为管理者，要用宽阔的心胸接受监督、用正确的态度对待监督，想办法为民主监督提供畅通的渠道。

用文化引领教育变革的方向，是说管理工作要有自己的文化内涵，有一种文化向心力、影响力，并在此基础上形成学校的主流文化精神、形成师生潜移默化地共同遵守的文化核心价值观。核心价值观就是学校工作的价值取向，就是学校的思想准绳。用学校文化统整就是用主流文化精神规范师生言行，塑造师生符合学校文化追求的良好形象。

文化变革的理念体现的是学校管理的品位。当一所学校发展到一定的高度时，管理更多的是文化的引领。文化变革既是一种管理的理念，也是一种管理的手段。假如说学校发展有一定的阶段性，那么学校管理就有一定的层次性，文化引领是和学校从“初创阶段”发展到“高级阶段”的时期相适宜的领导方式。

学校文化不是随意照搬的口号，不是千校一面的警句，更不是应付检查的标语。学校文化应该是一种积淀，一种标识，一种精神。所以，学校文化变革首先要解决的是学校文化的提炼问题。关于提炼学校文化，我的经验是从学校创办者的思想中提炼，从学校历史典故的精华中提炼，从学校知名校友的事迹中提炼。提炼学校文化的过程，就是学校文化发掘、学习、传承的过程，其本身就是一种学校文化变革。

学校文化变革的基本思路是学校文化的统整，即用学校文化统领整合学校方方面面的工作，要求学校的教育教学过程的每个环节、每个方面、每件事情都体现核心价值观。只有长期的文化统整才能在师生的身上留下深深的学校文化的烙印，才能体现学校的文化特点。

在我看来，学校文化变革的形态包括环境文化、制度文化、课程文化、活动文化和精神文化。这样的理解从理论上讲或许有争议，但我在学校管理的实践中就是这样去做的。我们在进行学校文化变革时，太多地重视了环境文化的管理，而很容易忽略精神文化的管理，更很少从文化的角度去管理课程。我们总认为制度管理不属于文化的范畴，而属于科学的理性。其实，应该从文化的角度来建构学校的制度。学校的制度一定有丰富的文化意蕴，特别是现代学校制度的建设，实际就是学校文化建设的重构。我们重视在学校开展丰富多彩的活动，但更要挖掘学校活动的文化。教育是一个有文化内涵的活动，或许会影响学生一生的选择。在学校发展的不同阶段，这五种学校文化变革的形态各有不同的侧重，但课程文化的管理永远是学校管理的重心，精神文化的管理永远是学校管理的核心，制度文化的管理永远是学校管理的基础，环境文化的管理永远是学校管理的前提，活动文化的管理永远是学校管理的生命力。课程文化的管理本质上就是课程领导，课程领导是未来校长的学校领导方式变革的必然趋势。

学校文化变革属于我们不得不思考的一个课题：学校文化怎样促进学校发展，即学校文化促进学校发展的机理问题。弄清了这个问题，就可以有效率、有效益地组织好学校文化变革。在我的管理实践中，要有效地实施学校文化变革，其基本策略有三个方面：一是熏育，二是化育，三是引领。熏育，就是营造一种文化氛围，确立一种核心的文化价值取向，让师生置身于学校的教育环境里，无形中、无意中使自己的言行有一种约束、有一个方向，使其形成学校环境及教育的“默会知识”，即通常所说的“隐性课程”。化育，《说文解字》释义：“化，及行也”。“教化”就是“教行”，即就事、就人适时、适宜地呈现或者渗透一些事物的文化理念和核心问题，调动师生自己对问题的生活积累和知识储备，去感悟、消化、生成，一如春风化雨，润物细无声。化育是一种超然的心境，其不同于熏育的地方是“化性起伪”，就是说有“伪”的存在。即化育是一种改变，改变已有的不好的方面。引领，就是把学校文化作为一面旗帜，引导学校发展的方向。

学校管理的审美理念体现的是学校管理的高层次。把审美纳入到学校管理理念的范畴之内，是我的追求，也是我的思考。我觉得，不仅是学校管理，人们做任何一件事情，如果有审美的眼光、审美的要求，就是高人一等的做法。从词义的角度来讲，审美是动词，领会事物的美；从美学的角度来讲，审美是人掌握世界的一种特殊方式，指人和世界形成一种非功利的形象和情感的关系。

把审美作为一种学校转变的理念，我的思考还不成熟，实践得也还不够。但我认为，能够开展融入了审美理念的教育变革，这样的校长一定富有教育情怀，是教育理想的追求者。教育是一个需要理想的事业，教育家需要“心比天高”的理想和浪漫情怀。有理想，就有追求，就有动力，就能持之以恒。教育家和一般教育工作者的不同就表现在对教育有理想，并执着地去追求这个理想。时代倡导教育家办学，时代也正在创造有利条件，鼓励教师和校长在实践中大胆探索，创新教育思想、教育模式和教育方法，形成教学特色和办学风格，造就一批教育家。

把审美纳入教育变革的范畴，校长在学校管理的过程中要体现美感，让师生、社会从学校及其教育教学活动中得到一种喜悦情绪的体验。师生的学习、生活是快乐的，学校的环境、活动是愉悦的。快乐和愉悦是我们的工作应有的基点，亦即学校的管理要有一定的审美品位。

把审美纳入教育变革的范畴，要求校长的管理体现“审美价值”。学校管理的审美价值是学校管理价值的重要内涵，缺乏审美价值的学校管理算不上真正体现人文性的管理。学校管理的审美价值在于引导学校管理的个人价值和社会价值的统一实现。

用科学和民主、文化和审美的理念实现教育的改变，既有传统管理理论、经验的精华，又有现代管理学意义上的意蕴。无论任何时候，只有被历史所证明的既符合中国文化背景、切合中国学校实际、符合时代发展需要，又彰显管理者个性特质、融入管理者生命追求的管理理念，才有生命力。

本书以“教育即改变”为题，回顾了我作为校长这些年所经历的风风雨雨，是对我这些年学校管理生涯的细致梳理。从最初无意识的摸索，到现在有意识的顶层设计，较好地体现了我的心路历程。在湖北当校长时，因时就势，摸着小石头过小河沟。来到广州，如同扑向大海，搏击在风浪的最前沿。挟前人的智慧，得天时之造化，在海珠实验奠基，在发展中心开拓，在百年南武拓潜。书中所述虽不精彩，也算真实。

以是自序，如有不妥帖之处还望读者谅解！

陈祥春

2021 年 1 月 5 日

目录

MULU

下　篇　掌舵南武　名校蜕变

上　篇

于微思变
结缘教育

第一章

随县成长
润荆楚文化

一、“故土”“圣土”

(一)儿时的梦想

每个人小时候，心中都会有这样那样的梦想。有人说：我想当老师。有人说：我想当科学家。有人说：我想当警察。也有人说：我想去旅行。

然而，我很难记起小时候的梦想是什么。这些年，我有过大大小小的经历，也游历过大大小小的地方。我走过浪漫之都巴黎、自由城市罗马，我搭乘飞机不停地在云层里穿梭，我乘坐火车丈量大地。可以说，我一直都在审视自己，寻找最本真的自我。我难以言说自己真正追求的是什么。按理说我已到了知天命的年龄，对于人生的一切自有自己的主张。然而，即便如此，我依旧对生命、对人生感到疑惑，而这些疑惑，都将是我用尽毕生精力去解答、去寻找的东西。

我自 1993 年开始担任校长，到现在算来已经二十多年了，可以说我花尽了大半生精力从事教育事业，有人说我有“特别的教育情结”。我的从教经历，从内地教育强省到沿海教育大省，从小城市到现代化大都市，从普通学校到重点中学，从教学一线到学校管理，生活和工作环境不断变换。我一路走来，有无限风光，有云谲波诡，但我对教育事业的满腔热情未减，办好学校的梦想没破灭。由于经历的不同，每个人对人生的感悟也截然不同。从无知到感慨，再到目前看尽繁华后的淡然，我很清楚，“用教育改变人生的意义”是我现实中的理想，“对人生、对哲学、对生命的思考”才是最本我的追求。

（二）文化故里

我的家乡湖北省随州市是楚文化的发祥地，是李白口中“彼美汉东国，川藏明月辉”的文化名城。楚国在历史长河中创造了灿烂辉煌的文明成果。独步一时的青铜铸造工艺、领袖群伦的丝织刺绣工艺、巧夺天工的漆器制造工艺、义理精深的哲学、汪洋恣肆的散文、精彩绝艳的辞赋、八音繁会的音乐、翘袖折腰的舞蹈、恢诡谲怪的美术，都是十分宝贵的文化财富。辉煌的荆楚文化丰富了当地人民的思想，而作为“汉襄咽喉”，有“鄂北明珠”之称的随州的文化之深厚不言而喻。

文化是一座城市的灵魂，浸润着当地人民的思想，是一座城市的魅力所在。随州是一座渗透着炎帝精神文化的城市，数千年来，炎帝精神文化从来没有离开过当地人民的生活。现在，只要走进随州城区和随县厉山镇，随处可见炎帝精神文化的现实符号——城市道路，有炎帝大道；城中公园，有神农公园；酒店宾馆，有炎帝大酒店、烈山宾馆；酒类产品，有炎帝神曲白酒；商标，有炎帝牌专用汽车；农民合作社，有神农蔬菜专业合作社；车站，有神农客运站……这一切，让随州更显历史文化的厚重。

（三）柔性故乡

随州是一座被山水包围的城市，可以说，随州文化的某些方面就是由山川孕育而成的。汉水东面最大的一条支流㵐水流经随州，数百条支流在㵐水两岸呈叶脉状分布，其中流量较大的漂水、差水、均水等涢水流域遍布随州，孕育了千百年来灿烂多姿的荆楚文明。因此，人们又说“荆楚，水乡泽国也”。如《楚辞》以及汉代“楚歌”中大量运用“兮”字，这种纡徐舒缓的感叹声调将水乡泽国柔性的节奏、旋律、音调与独特韵味展现得淋漓尽致。宋玉《高唐赋》《神女纡》超越巫觋文化的原始形态，以赋的形式塑造出温柔多情又庄重矜持的美妙绝伦的女神形象。

烈山镇是一座古老的小镇，这里的人们性格是柔和的、生活节奏是舒缓的。“方宅十余亩，草屋八九间。榆柳荫后檐，桃李罗堂前。暖暖远人村，依依墟里烟。狗吠深巷中，鸡鸣桑树颠。”说的就是那里的生活。每天清晨，人们在公鸡的鸣叫与晨光的暮晓中醒来，便开始一天简单的生活。忙碌自是不必说，春忙播种，夏忙施肥，秋忙收获。而冬天，最是适合滋生闲暇和慵懒。早上，太阳懒洋洋地升起来的时候，杨柳在薄薄的晨雾中还只是一个轮廓，仿佛淡墨皴染的水墨画。一户农家的木门吱扭一声打开，一群鸭子嘎嘎地叫着，摇摇扁扁的尾巴，左右晃几下身子，一只只游进雾气氤氲的小河，河水立刻生动起来。

有时候是满脸浓须的大汉，有时候又是衣着朴素的农妇，牵着一头笨头笨脑、体肥肚圆的牛走出来了。后边的小牛欢跳两下，顶了顶大牛的肚子，又立住不动，眼一转，仿佛想通了，又跟着大牛走了。这是农村最平凡的景象。羊是很少见的，但也不是没有，只不过大多在家圈养起来，也不如牛来得亲切和可人。

在我的记忆里，厥水经过烈山的那段尤为美丽。厥水水流不是很大，没有浩浩汤汤的气势，更没有“潮平两岸阔”的壮观。厥水经常露出河床，河床上长满青青的草，中间是清澈的河流，河流上搭建有一座石板桥。人走在桥上，能听到石板晃动发出的有节奏的声音。

这就是我的祖辈生活的地方，一个让我骄傲的地方。我身上每一个细胞都在浓厚的楚文化的浸润下不断分裂成长，那是刻在生命里的印记，抹不掉也去不了。

(四)“二爷”和“爹”

很多时候，我总会记起儿时的时光。我出生在湖北省随县厉山镇的一个普通家庭，据说曾祖父那辈家道还算殷实，到了祖父时家道中落。我的“爹”(我的父亲在他们兄弟两人中是老二，我们管老大叫“大伯”、管老二叫“爹”，至今如此)算是一个有文化的人，在他们那代可以称得上是一个了不起的知识分子。父亲的同班同学好多都考上了大学，据说他 1962 年参加了高考，并被华中农学院录取了，只是由于家庭困难，“二爷”没有让他去上大学，现在看来真是不可思议。“二爷”是我祖父的弟弟。我没见过祖父，他在父亲一两岁的时候就去世了，后来父亲就由“二爷”来抚养。“二爷”的名字叫陈正祥，但我们当地这么大人小孩都叫他“好人儿”，从我记事起直到“二爷”去世，人们一直这么叫他。至于为什么叫“二爷”“好人儿”，我想可能是他勤俭顾家、与人为善的缘故吧。

“二爷”对我非常好，经常把好吃的东西留给我吃，对我管教也非常严格。“二爷”去世时我正在大学读书，他弥留之际非常想见我一面。遗憾的是我还在回家的路上，“二爷”就永远地闭上了眼睛……“二爷”没让父亲上大学，在当时真的是无奈的选择，但也彻底地改变了父亲的人生轨迹。从小学教师到基层干部，父亲都游刃有余。

父亲教书时，我经常跟着一起听课。我也就这么糊里糊涂地上了小学，比别的孩子提早了一年。父亲深知读书可以改变人的命运，对我的学习非常支持。在印象中，我读小学的时候语文成绩还是很不错的，尤其是作文。那时除了教科书以外，读得最多的是报纸。父亲给我订了很多报纸，虽然那时候写作文大多是抄报纸，但抄有抄的好处，起码字练得不错，语感也还可以。

父亲很重视培养我的兴趣特长。我在读高中的时候慢慢对文学有了点兴趣，父亲就帮我订了当时很有名的文学杂志《长江文艺》，要知道，这在当时是很难得的。我喜欢二胡，父亲就亲手制作了一把二胡，并请了当地一位会拉二胡的年轻人当我的老师。遗憾的是，在学了一段时间二胡后，我没能坚持下来。

二、少年初长

(一)中小学拾零

在整个童年乃至少年时期，我对荆楚文化并没有太深的感受。小学留给我的记忆就是经常到农村去搞宣传，我们班有一个宣传队，成员有两三个人，宣传的工具是一只高音喇叭。我们把喇叭架在田埂上，广播的都是一些表扬稿。这些表扬稿有的是我们自己写的，有的是从报纸上抄下来的。初中时走“开门办学”的道路，虽然也上课，但大多数时间是劳动。有些重体力活在现在看来简直不可思议，比如在一座石头山上硬是挖出一条条的槽坑，然后在槽坑里填上土，再在土里种树。

上高中时，学校的劳动慢慢减少了，真正的学习才开始。高一是我学习生涯的转折点，也就是在这个时候，我才从学校教育中学到了一些知识。那时我的班主任是一位叫李启秀的数学老师，我的数学成绩本来不算好，但李老师教我时是我的数学成绩最好的时期，也是我的学习兴趣最浓的时期。高中生活最难忘的是“值周”，轮到哪个班“值周”，哪个班这一周就不上课，都在帮学校干活。全班分成若干个小组，每个小组干一类活：有的在食堂择菜、煮饭、卖饭等，有的在学校猪场放猪、喂猪，还给猪看病；有做“机瓦”的，“机瓦”说是机器做的瓦，其实就是水泥瓦，把水泥拌好放到模子里，来回推平推光溜，再倒出来，在太阳底下晒几天就行了；还有煮酒的，学校有一个酒厂，从下酒曲子到下酒糟子、从上蒸子到出原浆酒，都是学生在做。做“机瓦”、煮酒我都干过，至今记得酒从蒸子里流出时那香醇的味道。

中学那段日子，校外的荒野和厥水是我最爱的地方，那里有着最自然的风光——一望无际的田野，绵延不绝的河流。我们几个娃子每天赶去河边与鱼儿相会，若哪一天没去，便怅然若失。尤其是夏天的夜晚，我们尽情感受河流带给人的清凉，洗涤我们那颗躁动不安的心。每日的河边钓鱼与嬉戏，对我而言是如此重要。在那个懵懂的年代，是它代替了书本，让我体会到丰富、喜悦和平实，告诉我何谓最原始、最真切的“自由”!

当然，中学的场景自然少不了学校不远处幽幽的街巷。我时时在这里盘桓，青石板路面被蹭得发亮，每块青石板也许都蕴含着一段动人的故事。记忆中最珍贵的还是童年时的小吃，那不知名的甜而不粘牙的土制糖一块钱就一大包，路边小摊上的萝卜丝饼炸得喷香焦黄，几个小朋友坐在河边的土墩上旁若无人地啃着甘蔗。特别是到了快过年的时候，沿街挂着自制的腊肠，泛着暗红的油光，令人垂涎欲滴……还有蜜枣、野菜、银杏等，在那个物资匮乏的年代，所有能到嘴边的，都成了我们心目中最美味的食物。

(二)“放养”的生活

农村的生活是纯朴的、自由自在的，在物质上虽比不上城里，但那种无拘无束的“放养”状态，带来了城里孩子无法拥有的童趣和快乐。

如果说乡村的夜晚是一个宝藏，那么，乡村的黎明就比夜晚更有意思。青灰色的天空镶着几颗残星，大地朦朦胧胧的。万籁俱寂，偶尔传来几声高昂洪亮的鸡鸣。当东方天际刚出现犹如一条红色丝带的一丝晨光时，勤劳的人们早已没有睡意了，扛着锄头上山干起了农活。河水依旧那样清澈、宁静，好似一面大镜子。潭底，鱼儿们凑在一起，这就是我们大显身手的好时机了。小鱼自是不必说，偶尔摸到一条大鱼，便可以来一顿丰盛的饭食了。

爬树也是一件很有趣的事情，农家的孩子基本都会。胆小的女孩子只能站在树下干着急，这可给了男孩子一个表现的机会。从树底爬上树顶不算困难，但从树顶跳进河里并毫发无损地划出一条美丽的弧线，这可是一门绝活。孩子们一次次地爬上跳下，相互学着各种玩法和动作。就这样，我们总是不知疲倦地玩到天黑，等到家人呼唤“回家吃饭啦”“吃晚饭啦”，才恋恋不舍地离开我们的“游乐场”。河边的沙地上留下我们的一串串脚印，再看看大家，一个个汗水湿透了衣服。夏日徐徐的风和着我们的笑声，穿透了整个村庄。

（三）劳动的喜悦

相较于玩耍，不停歇的劳动才是农村生活的主旋律：割草、插秧、耕田、拔花生、种番薯、养猪……

读小学时，我每天的时间是这样安排的：上午上一些文化课程，到了下午，便根据不同的分工和排序来到不同的地方从事劳动。有时候去地里浇水、拔草，有时候去帮忙种菜，还有时候去喂猪。看着地里的庄稼都精神饱满、绿油油的，那真是一个爽啊！

喂猪是个体力活，把一担担猪食抬到猪圈就非易事。而且别以为把猪食抬到猪圈就算完事了，这还没干完一半的活呢，接下来喂猪才是麻烦事，单是用铁锹从车里铲出一堆饲料放到猪吃食的坑里，这对刚开始干这个活的我来说已经非常难了。每次我到猪圈，饿极了的猪就不停地围着我转，猪食刚放到坑里，那几只贪吃的小猪就跑到坑边，争先恐后地吃了起来。周围的猪叫得更欢了，大多数的猪都把半边身子伸出护栏，我感觉它们就快要朝我扑过来了。我把铁锹放哪儿，猪就扑向哪儿，我拿着铁锹没法躲，猪食根本没办法放进坑里，常常不小心把猪食倒到了猪的头上。后来我便学聪明了，每次喂猪前先拿一根竹竿朝那些不听话的猪打去，再用铁锹把车里的饲料铲出来，算是最后的成功。

(四)教育的启蒙

我的读书生涯是从连环画开始的，准确地说，我的读书习惯的养成是从阅读连环画开始的。记得我刚上小学时，隔壁孙大哥拿着一本残缺不全的《智取威虎山》，他看我盯着书出神，便把书借给了我。我当时只是好奇，没想到看过之后竟一下子喜欢上了这种图文并茂、小巧玲珑的“小人书”，从此一发不可收拾。那时的“小人书”虽说一本只要几分钱，但身无分文的我只能望“书”兴叹。为了买“小人书”，那时我最喜欢干的活就是放学后到山上糭草皮交到生产队，多挣几个工分，多分一点钱。每次劳动完，我都能得到几分钱的“赏钱”。另外，为了攒钱买“小人书”，我竟可以忍住不去买垂涎已久的零食。几年下来，我陆续买了《刘胡兰》《鸡毛信》等 100 多本“小人书”。

除了“小人书”，听书也是童年生活中的重要组成部分。记得儿时夏日晚饭后，我常常喜欢缠着父亲，让他给我讲《西游记》《三国演义》《水浒传》《红楼梦》《聊斋志异》等故事。每次我都会听得入神，想象自己变成了书中的主人翁，一会儿是豪气冲天的鲁智深，一会儿是智勇双全的孙悟空，一会儿是谋略过人的诸葛亮，一会儿是悲悲戚戚的林妹妹……最刺激的莫过于“聊斋”了，每一个故事都是如此吸引人，并在记忆深处厚积薄发地对我产生了潜移默化的影响。

我的小学班主任是我的一位远房亲戚，高中学历，当过兵，见过世面。我记得他很会说话，用现在的话来说就是表达力极强。尤其令人难忘的是，他还会山东快书。这位亲戚教我们语文，他教书的情景我几乎都不记得了，仅有的一点记忆是他用本地方言教我们认识拼音字母。当时的课室非常窄，课桌和凳子不齐全，窗户的破洞也是多年未修。每到冬天，呼呼的风声和着我们的读书声，让人印象分外深刻。那时的师资力量十分匮乏，最初每个年级有两个班，后因教师实在稀缺，不得不减少一个班。一个教师任两个班的所有课，在那时的农村小学是常有的事。

我父亲那时也在小学当教师，学校有个阅览室，父亲知道我喜欢读书，便经常带着我去阅览室。第一次去的时候，我一进门便被满屋子的书籍惊呆了，像哥伦布发现新大陆一样激动、兴奋。从此，一有闲暇时间，我就泡在阅览室里读自己喜欢的书，渴望用书籍喂养我贫瘠而空白的大脑，真可谓废寝忘食、孜孜不倦。

三、邂逅文学

人生就如一场旅行，路上总有风景，总有色彩，也总有摄影，而摄影是为了留念。文学对于人生旅途来说就是摄影，是记录光与影、梦与爱、悲与喜、失与得的留念。在每一张照片的背后，我们亲近的每一个人、每一件物品、每一个故事，无论是美还是丑，透过文学，都可以有特定的解释和注脚，都可以折射出艺术之美的光环，待年老之时，能捧起来一一回味、咀嚼。

(一)广播站

我最初与文学的邂逅，源于在高一的时候往广播站投的一首诗歌。

诗歌的具体内容我记不清了，只记得在第一次听到自己的作品被有声语言播放出来时的欣喜与幸福，超越了当时认为最好吃的大白兔奶糖可以带给一个孩子的快乐。一整天我都被一种莫名的兴奋感包围着，日后才知道这种兴奋感其实就是成就感。

当时我在湖北随县一中就读，学校虽然简陋，但也颇具规模。偌大的校园是纵横八排苏式平房围成的一个院子，东北角有一口堰塘，那可是全校学生洗衣戏水的好地方。我们高中教室还算宽敞明亮，但破损的玻璃窗挡不住冬日凛冽的寒风，风呼呼地吹，像笛子的哀鸣。学校广播站是由一间十几平方米的杂物室改造而成的，里面的设备虽然十分简陋，却一点也不影响使用。它基本上是我们所有人接触外界信息的源泉，也是我们唯一的对外窗口。

这样简单的记忆是我对生活、对文学的最初认识，也是我不断向广播站投稿的灵感源泉。其实，文学在生活中无处不在，市集小贩的讨价还价、街边一只流浪的小狗、身边鸡毛蒜皮的小事情，都可以形成文学的构想。就像汪曾祺的《端午的鸭蛋》，由平平常常的咸鸭蛋引申出一系列的习俗，语言饶有趣味，那场景仿佛栩栩如生地展现在我们眼前。

我依稀记得那熟悉的校园，景色迷人，晚饭后我曾无数次独自欣赏着那里郁郁葱葱的参天大树。春天徜徉在繁花绿叶间，心情也像鲜花一样甜美舒展；夏天在亭子小憩，一边听着鸟儿歌唱，一边看着书，心情是一种极致的宁静；秋天望着满树的叶儿纷纷扬扬、翩翩起舞，领略的全是秋的壮丽；冬天当校园银装素裹，孩子们的嬉戏追逐也会把我的记忆带到那久远的梦幻般的岁月……儿时除却简单的生产劳动，生活中特别是大自然中的万象，都成了我文学创作的灵感。小到细微的一片叶子，大到郁郁葱葱的树林，我用敏感而纤细的思维，感受着周边的一切物体。姹紫嫣红的花朵、绿油油的草地、歌声婉转的鸟儿，都让我用稚嫩的笔，加上漫无边际的联想，撰写出一篇篇文学作品。通过广播站一次次的“演唱”，让我产生了最初的文艺之梦。

（二）喜欢阅读

青春的音符在成长的岁月里静静流逝，我爱上了阅读这部包罗万象的百科全书。精神胜利者阿Q，“圆规”杨二嫂，吝啬鬼葛朗台，虚荣的玛蒂尔德，可笑、可叹、可悲又可敬的游侠骑士堂吉诃德……这些鲜明、栩栩如生的人物形象，为我展示着不同时期、不同国度的生活画卷，让我更深刻地了解了历史各个时期的社会本质。有文学相伴，生活便不再单调。我喜欢上了阅读，每当文字出现在眼前时，也是我生活中最幸福的时刻。我徜徉在文学和历史著作的海洋中，在各大名家精妙绝伦的文字的引领下，仿佛置身于金戈铁马、黄沙漫天、拼杀声响彻战场的厮杀之中，旁观帝王将相的阴谋权术、残酷的明争暗斗。阅读作者呕心沥血创作的一部部小说时，我的情感跟随着事件的起因、发展、高潮、结果而跌宕起伏。

巴尔扎克的精细入微、海明威的朴实无华、林语堂的幽默风趣、梁实秋的恬淡闲适、徐志摩的婉约多情、鲁迅的犀利、张爱玲的幽怨、金庸的侠骨、托尔斯泰的深沉……每一个文人就如一缕春风，让人感受到不同的气息，是那样清新迷人、那样富有韵味、那样令人不舍、那样回味无穷。他们的欢笑与幽默，他们的自负与骄纵，他们的谦逊与狂狷，他们的怪癖与嗜好以及无可奈何的时代，都让人感慨流连，让人心生敬畏。读完他们的作品，我的内心也因此而平静，面对人生得失也变得淡然！

那是我人生知识积累的第一个阶段。当时有一位舍友，是一个文静而沉着的人，每日待在书堆中。有一次我去他家里做客，才发现他有一个大大的书架，上面堆满了书。我在他的书架上发现了一本《海涅诗集》

以及爱尔兰诗人叶芝的《芦苇中的风》，令我欣喜若狂。这是我第一次阅读外国作家的书籍，仅仅读了两页就被书中那美妙的诗歌深深吸引了。于是，我向他提出了借书的要求，他说他也是从朋友那里借来的，三天后要还给人家，如果我能在三天内读完，他就答应借给我。我连连点头，表示一定在三天内读完并把书还给他。回到家里，我马上找出稿纸和钢笔，开始夜以继日地抄读，见到好的句子便抄写下来，并按期把书还给他。至今，我还保存着《海涅诗集》的手抄本。

我天生木讷、愚笨，没有过目不忘的本事，唯一的办法就是死记硬背。凡是我喜欢的诗歌、小说、散文中的优美词句，我都会背下来。我背过《唐诗三百首》中的近 200 首诗歌，背过部分宋词元曲，背过《道德经》，背过中国现代和当代作家的名篇，如鲁迅的小说、朱自清的散文、余光中和舒婷的诗，甚至背过莎士比亚的《哈姆雷特》中的精彩段落。读海明威的《老人与海》的时候，我完全被老人那种百折不挠、坚强不屈、无与伦比的力量和勇气给迷住了。他不屈服于命运，无论在怎样艰苦卓绝的环境里，他都凭着自己的勇气、毅力和智慧进行了奋勇的抗争。大马林鱼虽然没有保住，但他却捍卫了“人的灵魂的尊严”。他是一个胜利的失败者、一个失败的英雄。这样的人和这样的精神，处处散发着迷人的魅力。多年以来，每当遇到困难和挫折，我都会想起老人，想起他与自己和自然搏斗的场景，便心生无穷力量。读屠格涅夫的《猎人笔记》时，我被他描绘的风景迷住了，他善于在描写风景中运用拟人、比喻等多种修辞手法，使他笔下的黎明、清晨、黄昏和夜晚的景色呈现出色彩、音响、气息乃至生命和灵魂，处处散发着迷人的自然美，其观察之细腻、刻画之准确，堪称一代风景描绘大师。我一边读一边记，竟不知不觉记下了 5000 字的读书笔记。

第二章

一校之长 博众家之长

一、教育的种子

(一)榜样的力量

罗曼·罗兰说过：“要撒播阳光到别人心中，总得自己心中有阳光。”卢梭也说过：“榜样！榜样！没有榜样，你永远不能成功地教给儿童以任何东西。”我想，我们每位教师的师德就如同这里的“榜样”和“阳光”，他们带领着我们在人生的道路上勇敢前行，用热忱为我们照耀前方。

榜样的力量是无穷的，在我人生价值观塑造的阶段，榜样用他们的智慧、努力以及最淳朴的言行教会了我最了不起的人生哲理。他们默默付出、不求回报，走上三尺讲台，教书育人；走下三尺讲台，为人师表。教师不仅是社会主义精神文明的建设者和传播者，更是莘莘学子道德基因的转接者。每一个人都注定要在自己的机缘和境遇中成长，你的遭遇正是丰富你的人生的素材，你的处境更是你的垫脚石。我有缘在人生中遇到如此之多的好老师，对我的学生生涯影响深刻，也为我今后从事教师这个行业打下根基。

提起校园，每个人都有说不完的话；说起老师，每个人也都有一个印象深刻、对自己影响比较大的老师，我也不例外。印象比较深刻的是一位姓冯的老师，他是我们学校的教务主任，大家都叫他冯主任。冯主任体形偏胖，才华横溢，尤其是口才出众。在他身上，我惊叹语言、演讲竟然有如此的力量，也让我知道，作为一位老师，仅仅饱读诗书是不够的，还需有为人师表的心和让人敬服的个人魅力，而形成这种个人魅力需要日常持久的积累。

冯主任教我读懂了生活这本大书，教会了我如何去思考、如何为人。一直以来，我都不敢在同学面前表现自己，或许是因为太在意别人对我的看法。每次老师叫我回答问题或者上台发言的时候，我要么回答不知道，要么就是小声地回答，对自己没有信心。冯主任的教书风格与众不同，他不像别的老师那样拘谨，鼓励同学多发言，认为一个活跃的课堂才能让知识最大化、更好地传递知识。一开始，同学们不敢大胆地表现自己，但是由于他的课堂上氛围比较轻松、内容生动有趣，慢慢地，对于他在课堂上提出的问题，我们都会踊跃地回答。记得有一次，他向我们提出“性格是否决定命运”这一话题的时候，一直不善表达的我大胆地站起来并走向讲台。一开始我是有点紧张，不知道怎样表达自己心中的想法。但是因为冯主任的亲切的笑容和鼓励的话“每个人都有自己的第一次，只要突破了第一次、战胜了第一次，也就战胜了自己”，让我慢慢找到了信心，最后大胆地向同学们表达了自己的看法，并获得了老师的表扬和同学们的掌声。也正因为这一次经历，我不断磨炼自己，慢慢地不再害怕在同学面前演讲，不断地去尝试表现自己。我懂得了想要拥有不一样的人生，就要不断地去尝试、去突破，这样才能成就一个不一样的自己。

（二）教育初思

回忆那段青葱岁月，记忆最深刻的还是教室、图书馆、运动场、会议厅……在别人看来枯燥无味的学习生活，在我这里是多姿多彩的。在课堂上和老师、朋友一起讨论问题，在图书馆里尽情地遨游知识的海洋，在体育场上和同学一起踢球、呐喊，在会议厅里的辩论比赛场上舌战群儒……做每一件事情，我总是乐在其中。有时候，我和同学会争论得面红耳赤，这种争论不但不会影响我和同学间的感情，反而让我们的感情更加深厚了。经过日积月累，我尝试着给校报、报社投稿，尝试着写论文以锻炼自己的逻辑思维能力。我不断地充实自己，将读书当作兴趣。在自己知识和能力不断丰富的同时，我更深刻地感受到知识带给自己的改变，也更深刻地感受到教育对一个人的影响。或许正因为如此，让我渐渐爱上了教育这个行业，为以后从事这个行业储备了丰富的给养。

1986 年，我在华中师范大学开始了进修。由于有了几年的一线教育实践经验，我在学习中有了更清晰的目标和更准确的把握。包括我在教育一线岗位五年的实践中所产生的困惑和进行的思考，都成为我在华中师大的课题研究对象。

我跟从恩师不断学习，开始真正思考何谓教育、教育的本质是什么、如何通过管理实现教育的初衷等问题在当前的环境下应推崇和实践怎样的教育机制？我的阅读视角不再仅限于文史哲，而更多地思考当下。我不断地专研现当代著名的教育家，了解时下最先进的教育思想和教育管理机制。虽然这样的思考对于一个年轻的教师来说仍略显稚嫩，但这样带着问题思考、学习往往事半功倍，并让我更坚信自己未来要走的路以及应该如何走下去。

二、初登讲坛

(一)从旁听开始

1981 年，刚毕业的我还未来得及摆脱学生的稚气，便走上了三尺讲台。生命如同一条长河，而求知则是这条长河里骤然掀起的一朵朵浪花。

握住中学语文课本，走进书声琅琅的校门，坐在教室的最后一排，我的旁听旅程便由此开始。课堂上，我专心地听着伍老师讲课，时不时还会做笔记写重点。我仿佛又回到了那意气风发的学生时代，然而我知道这只是一种怀念。如今我的角色已从学生转变为教师，我把更多的注意力放在伍老师与学生的互动交流上。

课堂上伍老师并没有过多地强调纪律问题，大部分学生也听得十分认真。只有一位学生不知何时趴在课桌上睡着了，伍老师也注意到了这点。我以为他会责备那位学生，然而伍老师却慢慢地走到他身旁，轻声说："满地黄花堆积。憔悴损，如今有谁堪摘？守着窗儿独自，怎生得黑！梧桐更兼细雨，到黄昏点点滴滴。这次第，怎一个愁字了得！"熟睡的学生被轻柔的朗读声唤醒，睡眼惺忪地望着伍老师。伍老师与他对视数秒后露出了一个微笑，点点头便回到了讲台上继续讲课，而那位学生也没有再睡觉。

课后，我们几位旁听教师都纷纷赞扬伍老师的教育智慧，伍老师却回应说："高中生由于年龄等原因，自制能力差，偶尔的走神、入睡是可以原谅的。我们身为教师，要做的不应该是责罚学生的错误，而是要引导学生去做对的事，这才是教师的本职。"这样的教育理念颠覆了我心目中教师是三尺讲台播种者的传统形象，很好地平衡了授课与纪律的关系。

的确，学生年少不谙世事，教师要妥善处理与学生之间的关系。要给予学生更多的尊重和理解，不能站在学生的对立面，同时不能过于依赖纪律和权威。此时我才深切体会到师生之道玄妙高深，尚需求索。

（二）第一次上课

经过半个多月的随堂听课，我终于迎来了属于自己的第一堂语文课。9 月 21 日，是我第一次以语文老师的身份给学生讲课。虽然课前我作了充分的准备，但内心依旧忐忑不安，既兴奋激动，又紧张担心，生怕自己出现失误。直到我站在讲台上，学生们集体喊出“老师好”的那一刻，我内心的不安被这响亮而整齐的问好声一扫而空。我第一次有了当老师的感觉，真切地感受到了台下的学生们对知识的渴望。那一刻我想把所有最好的东西都教给他们，那是一种源于内心深处的真真切切的成就感。我充分享受着这短短四十分钟的过程，它带给了我无限的快乐。

在自己亲身体验之前，我不曾想过站在三尺讲台上给下面那么多学生讲课的感受是什么，原来这是一件如此充满幸福感的事。看着每一个学生认真听课的样子，看着他们积极活跃地回答问题，还有他们思考问题时的愁眉紧锁、做出题后的阳光般的笑脸，让我在这里的每一刻都能感受到教师这个职业的伟大。我体会到了一种责任，就是要让自己的学生能学到更多的知识，能让他们用这些知识去做一些有意义的事情，给更多的人带来幸福。

这让我重新认识到了教师的使命感是多么强烈。无论从民族大义还是个人小义来思考，我都觉得作为教师就得像太阳一样，用自己的光照耀着学生们。我知道在每个人心中对教师都有不同的定义，在当今社会，也许有人认为它只是一种职业、是维持生活的饭碗，但是也有人拿它当作传播知识的精神典范。教师不要求能够得到回报，只要学生们能学得多、学得快乐，也就尽到了自己的责任而不留遗憾。

在我看来，“为人师表”说的就是教学、做人都要有一个表率，想要树人就得先树己。所以教师是对自己比对别人要求更高的职业，不仅要学识渊博，而且要修身养性，这样才能在讲台上屹立不倒。

我不敢去想象怎样前行，但我明白，这条路一旦走上去，就要踏实地走好每一步。

（三）崭露头角

新学期开始，学校安排我担任初二年级一个班的班主任，这个班几乎每个学期都要更换班主任。有少数学生逆反心理特别强，他们专门和老师对着干，甚至有个别学生故意制造事端。老师、家长严厉的训诫让部分学生开始自暴自弃，做出的“破坏性行为”也越来越严重。

接班后，我着重观察了班里几个影响最大的“后进生”，其中最让我头疼的是一个名叫黄力(化名)的学生。他不仅经常搞恶作剧，还三天两头与男生打架、与女生耍贫嘴、对老师不礼貌。一次，他在课堂上把数学老师气得暴跳如雷。数学老师要求我对这个违反课堂纪律的学生加以严惩，无奈之下我把黄力叫到了办公室。这已经不是我们第一次“单线联系”了，他依旧是一副桀骜不驯的样子。面对这样顽固的学生，我也不知如何是好。

虽然黄力是扰乱班级秩序的“头号人物”，不过我发现他为人是非分明，且敢作敢当。我不温不火地问道：“这次你知道错了吗?”黄力笑了笑，回答道：“想怎么样就说吧!”看到他的狂傲，我不由得联想起大闹天宫的孙悟空，便像如来佛祖般缓缓地伸出了手掌，说道：“就罚打手心吧，不过这次我跟你一起被打。”我俩的手掌一同放在了办公桌上，我迅速地挥下了铁尺。啪！铁尺重重地打在了我的手上，而黄力的手早已缩回，他脸上露出了顽皮的笑容，仿佛在庆幸自己的机智、嘲笑我的愚蠢。我没有生气，让他把手放在桌上，我们再打一次。我又挥下了铁尺，仍旧是重重地打在了我的手上，黄力依旧把手缩了回去，但这次他没有露出窃喜的笑容，而是困惑不解地望着我问：“明知道疼，你为什么不躲开呢?”我沉默了片刻，说：“你做错事了，本该受到惩罚。我是你的班主任老师，没管教好你，我也有过失。你可以逃避受罚，但我不可以逃避责任。”黄力若有所思地看了看我，主动伸出了自己的手掌，说道：“这次就打我一个人吧，我不会再躲闪。”我再次挥下了铁尺，不过这次只是轻轻地打在了黄力的手心上，“惩罚完了，这次你懂得了面对错误，希望以后你能懂得改正错误。当然，无论什么问题老师都会跟你一起面对，你回去吧。”黄力若有所思地离开了办公室，自此，这位扰乱秩序的“带头大哥”也“退隐江湖”，变得安分守己、发愤图强，成绩也得到了很大的提升。

美国心理学家威廉·詹姆斯有句名言：“人性最深刻的原则就是希望别人对自己加以赏识。”后进生不过是缺乏肥水的禾苗、沾着污垢的玉石，他们既有阴暗的消极面，也有潜在的闪光点。我开始慢慢学习如何去了解每个学生的志趣和个性特征，观察、发现他们时隐时现的闪光点，抓准教育的突破口，使得每一个学生都得到全面健康的发展。

半个学期过去了，我从未惩罚过任何一个学生，我们班不仅班级秩序井然，而且好人好事层出不穷，纪律、卫生、文体活动样样争先。曾经麻烦不断的班级如今成为屡受表扬的典范，我也在教师行列中崭露头角，代表学校做了几次大型的公开课。

(四)创办《小溪流》

想想我当初开始教语文，还真有那么点“前瞻性”，“吃透教材”“大语文教学”“活动语文”构成了我的教学特色。

我最开始教的是初中语文，对我影响最大的是一本叫《特级教师课堂实录》的书，怎么处理教材、怎么设计教学过程、怎么开头、怎么理解文本……说实话，这些在大学里学不到，而作为一个新语文教师，又非常想突破瓶颈。我往往是将一篇课堂实录读了一遍又一遍，直到把基本的教法熟记于心，自己才在班上实教。我认为，看《特级教师课堂实录》，慢慢琢磨教学技法，比听老教师讲课还见效。那时教语文的确资料很少，我记得我用的课外训练资料都是自己编、刻、印的。每篇课文讲完后，我都要选取重点段落，对照教参、课文后的练习题，设计问题，编制答案，一篇课文的重难点和考点，基本能囊括在我编的资料中。现在的教师都不知道刻钢板是怎么回事，其实就是刻蜡纸。见过蜡纸吗？没有吧！蜡纸是糊上一层蜡的薄纸，下面垫上一块钢板，用特制的铁尖笔来刻字。那时我用一张张蜡纸刻下我出的训练题，楷书字体很工整，大小相当于现在的五号字，一张蜡纸能刻下近两千字。这虽然很累，但对学生的成绩提升很有帮助，真是有无穷的乐趣。

我教语文一直喜欢搞活动，除了扎实的训练外，丰富多彩的活动也是语文成绩的保障。那时年轻，有的是时间，我经常组织学生周末去郊游。记得有一次清明节，细雨霏霏，我还带我们班学生到厥水河堤搞迎面接力，一队在堤上，一队在堤下，从堤上往堤下跑。那哪里是跑，完全是“滚动”接力。我教语文最成功的一项活动，是举全班之力办手抄杂志《小溪流》。我让学生将写得好的作文用笔在格子信纸上工工整整地抄写一遍，然后装订成小册子，请会画画的同学设计、绘制一张封面，并用糨糊粘贴在小册子上。在封面、封底模仿正规杂志写上相关内容，就成了一本像模像样的班级杂志。我们将其取名为《小溪流》，意思是我们对文学的追求就像小溪流一样，总有一天会流入大海。《小溪流》就一本，全班同学相互传看。现在想来，无论从哪个角度来看，创办《小溪流》对学生学语文都是非常有好处的。

教师影响的是学生的一生。当年我的两个学生回忆起当初对我的印象时，写下了如下的短文：

爱与尊重

——记恩师陈祥春

恩师陈祥春，是我二十多年前的初中语文老师兼班主任。在德国工作期间，偶然获知恩师消息，不禁感慨万千！回忆啊，它一下子把我带到了那个长满小雏菊的菁菁校园……

恩师不仅是一个思想者，更是一个艺术家。因为他是用爱与尊重，用独到的教育思想和教学艺术，通过自己的人格魅力去感染我们的。古人云："行远道者，假于车马；济江海者，因于舟楫；求真知者，承于师恩。"我最深的体会是：常常在没有意识到受教育的情况下却受到毕生难忘的教育。二十多年来，正是这种潜移默化的过程中所学到的知识带给了我许多温暖与美好。

恩师的艺术不仅在于传授，更在于唤醒和尊重。入学时我贪玩，成绩很差，许多课程都只能勉强及格，这令我十分自卑，感觉自己似乎已被人遗忘，学校渐渐成为我最不愿意去的地方。改变是从恩师的一堂作文课开始的。有一次，恩师要求我们将白居易的《钱塘湖春行》改写成一篇写景散文。第二天当作文本发下来时，我立即震惊了：恩师在这篇作文后面写了长长的评语，充满了肯定、鼓励和希望。最后一句我记得十分清楚："你是很优秀的，相信自己。"与此同时，我惊奇地发现全班所有同学的手上都拿着两页纸，那正是恩师手抄的这篇作文。当时学校还没有复印机，是恩师一字一句刻写在油纸上然后滚筒印刷的。只听恩师说："同学们，黎薇同学的这篇作文写得很好，这节课我们就来讲评它……"听到这里我心中百感交集，泪水已止不住地流下。因为作为一个考试老是拖全班后腿的学生，我也得到了尊重！居然也被肯定了！这是真的！此后的学习中，我开始有了自信，也开始取得了一些小小的进步。它对我的影响是巨大的，以至于多年以后，我眼前仍能清晰地浮现这样一个画面：恩师温暖的目光，女孩被尊重、被赞扬的喜悦，以及那弥漫在教室中的阵阵墨香……

恩师的教学思想中，不仅有"教诲"，更有"体验"。有一次，班上举行即兴演讲比赛，好多成绩好的学生都上去作了精彩的演讲，气氛十分热烈。我有点想上去，可又一想，我这么个差等生，平时站起来回答问题都心慌，能讲好吗？讲完了要是没有掌声，那多丢人！正犹豫着，抬头看了一下恩师，他显然理解我内心的挣扎，没有点名，只是朝我微笑，充满信任和期待。此时无声胜有声，我鼓起勇气走上了讲台。我讲的题目是《少年与中国》，讲的内容今天都已淡忘，只记得当时十分紧张，一上台就结结巴巴，不断出汗，以至于后来拿起了语文书念了某篇课文的一段。讲完之后，我胆怯地看了一下恩师，不料他第一个鼓起掌来，并说："你提的问题很有新意，你站在这里就是成功的！加油！"我深深被感动了，我是十分在意这种表扬的。我知道我没有被遗忘，我也得到了信任和关怀！我要好好努力，去做得更好。后来，我真的做到了。那个小小的讲台，那份真诚的掌声，都成为我少年时代最美丽的回忆！

恩师的爱，还在于他从来不会以牺牲我们的心灵自由成长为代价而达到某种僵化的教学目标。我那时非常喜欢国学，能够完整背诵《诗经》及《史记》的部分章节，甚至林黛玉在大观园中所作的诗，许多我也记得清清楚楚。然而当时国学还没有像现在这样受到重视，这种爱好与当时的评价标准是矛盾的。但恩师从来没有去打击我的热情，他不但指导我怎样正确地去学习它们，还将许多传统文化融入语文课堂。记得在一次语文课上，恩师为了让我们体会中国古典文学中诗、乐、画同源的意境，专门播放了华彦钧的《二泉映月》《听松》《寒春风曲》和《昭君出塞》。当时多媒体技术尚未融入教学之中，恩师是拿着自己家小小的录音机放在讲台上播放的。另一次课上，他又教我们唱《虞美人·春花秋月何时了》，他清唱一句，我们跟唱一句。在恩师的"音乐语文课"中，感觉旋律悠扬婉转，意境唯美！也正是在那时，国学的儒雅恬淡、坚韧含蓄才开始真正走进了我的心灵。

"亲其师，信其道"，恩师的一言一行，闪烁着知识、智慧和人格的光芒，学校成为我最向往的地方，我在各方面都不断取得进步。初中毕业之后，这种温暖的力量仍然时时伴随着我，且更加强大。在获得博士学位的致辞中，我的第一句话是："此时的美好，是因为一直以来我都拥有爱与尊重……"

当年恩师在我心中播下了爱与尊重的种子，我也将它们传播到了更多人的心中。现在我身边有许多德国青年学生，我不仅教会他们用中文说"爱"与"尊重"，也用行动向他们诠释了这两个词的真实含义，同时我也从他们那里收获到了更多的爱与尊重。我也相信，它们一定长着天使般美丽的翅膀，会跨越时空的界限，去创造更多的温暖与美好！

我写下这些文字的时候，看到窗外太阳正在冉冉升起，金色的阳光照耀在莱茵河上，宁静而壮观。敬爱的陈老师，是您指引我们走向壮丽多彩的人生，就像这阳光给我们带来充满希望的清晨，就像这河流引导我们去探索浩瀚的大海……

黎薇

2016 年 11 月 19 日于德国美因茨

师恩难忘

不计辛勤一砚寒，桃熟流丹，李熟枝残，种花容易树人难。

深谷飞香不一般，诗满人间，画满人间，英才济济笑开颜。

每当看到这副对联，我脑海中就会出现一幅熟悉的画面：一个潇洒的身影站在三尺讲台上，时而慷慨激昂，时而循循善诱，时而奋笔疾书，挥洒着青春的汗水——他，就是我们初中的班主任、语文老师陈祥春老师！

陈老师是我们上初二那年接管我们班的。作为语文老师，陈老师在教学方法上与以往的老师有明显的不同，角色扮演是他在教学上的一大特点。印象最深的是在讲《连升三级》这篇课文时，陈老师让我们分组扮演“魏王魏忠贤”“张好古”“主考官”等角色，让同学们在说笑中了解了相声艺术的一些常识，并认识到封建统治阶级的昏庸腐朽。在讲《雷雨》这篇课文时，陈老师让我们分角色朗读繁漪、周朴园、四凤、周萍、侍萍、鲁大海等人物的台词，让我们尽可能走进角色的内心，切实体会“雷雨”的真实含义。那段时间，班上的同学们互相喊名字时都是用角色的名字来代替真实姓名。

寓教于乐是陈老师在教学上的另一大特点。我们读初中那会儿，每个星期天的晚上是主题班会时间。作为班主任的陈老师在开完班会后的时间里，让同学们或成语接龙，或结合正在学习的语文内容，比如辨别联合词组或偏正词组，或背古诗。如果有同学出现错误，就会被“罚”唱歌或表演、讲故事等，让同学们在轻松愉悦的环境中学到知识。同学们学习语文的热情空前高涨，每次上语文课都很期待。

情境导入也是陈老师经常运用的方法之一。在讲授《二泉映月》这篇课文前，陈老师特意先用录音机为我们播放了一曲用二胡演奏的《二泉映月》，再结合音乐给我们讲解，使我们在音乐和课文中拉近了和阿炳的距离，感受到阿炳创作《二泉映月》的艰辛和他追求美好理想、敢于同命运抗争的精神，迄今仍印象深刻。

作为班主任，陈老师对我们这个班可谓是呕心沥血。每个早、晚自习，他都会亲自来教室督导我们认真学习。如果有其他任课老师在教室，他就在教室外隔着窗户查看。如果发现有哪位同学学习不认真，他就会私下给予提醒并询问原因；在看到学习成绩好的同学有一些好的学习方法时，他就会告诉其他同学。为了营造良好的学习环境，注重生活品质的陈老师甚至把他精心培育的茉莉花等花卉放在教室的窗台上。微风吹拂，沁人心脾的花香溢满整间教室，一如陈老师对班上每位同学的爱，轻轻安抚着被繁重的作业弄得有些烦躁的同学们的心……

付出总有回报。初三毕业那年，我们班考入本市重点高中的同学达到了班级总人数的2/5，这是在我们那所初中前所未有的成绩！

春蚕一生没说过自诩的话，那吐出的银丝就是丈量生命价值的尺子。敬爱的陈老师，您从未在别人面前炫耀过，但我们这些盛开的桃李，就是对您最高的评价。

时光如梭，岁月如歌，一晃二十多年过去了，如今的陈老师仍然坚守在中学教育一线，继续培育更多的桃李。最近喜闻早已是桃李满天下的陈老师又被评为“广州十大好校长”之一，衷心祝愿我们敬爱的陈老师越活越年轻！

1988届毕业生　张明娥

三、初当校长不容易

人们都说，一位好校长便可成就一所好学校。我想，校长应该是一所学校的灵魂，是一所学校的旗手。学校有如一艘龙舟，校长是拿着旗子、喊着号令的人。他的号令、他的节奏，决定着龙舟能不能快速前进。

(一)名师免检

美国著名管理学家戴明有一个观点：“在一个组织里，90%的问题是由管理导致的，只有10%的问题是由员工带来的。”因此，如何管理学校、如何设定学校组织结构十分重要。我一开始当校长，就十分重视教师队伍建设。抓教师队伍建设，首先要解决的是如何调动教师的工作积极性的问题。在钱非常成问题的时代，大家都认为调动教师的工作积极性是难题。我首先从学生评教开始。为了建立一个相对公平的评教机制，我在学校每学期开展一两次的问卷调查。调查问卷包括技能、学识、耐心、尽责等一共20项指标，通过问卷调查的形式评选出“我最喜欢的老师”。除此之外，学校还通过工会和学生处评选出月度及季度人物，以此勉励、引领教师更上一层楼。通过这种创新教师激励机制（现在看来这根本算不上什么创新），为教师的工作热情注入了强劲的精神动力。我现在才真正体会到，对于一所学校而言，创新才是发展的源泉，哪怕仅仅只是一种改变。创新是任何一个组织机构乃至一个国家的灵魂，推崇创新、鼓励创新是每一个优秀管理者应有的远见卓识。在学校教育管理机制上，我努力鼓励创新，推选出一批批优秀的教师，并培养了一大批人才。

为鼓励创新，让优秀人才能够各展所长，我设立了一个“名师免检”机制。那时我们学校每个月都要检查备课本，每次检查要一节一节地数，之后都要盖章并写上日期，以便下次接着检查。每次检查完毕，统计数据要公布，并要和教师的奖惩挂钩。学校为了鼓励教师把更多的时间花在研究教学上，体现对教师的信赖，特别推出了“备课免检制度”。由校长室、教务处亲自评选“名师免检”对象，评选条件包括教学能力、师德、平时成绩、学生评教等多项指标，凡是被评为“名师免检”对象的教师，学校常规教学检查不检查备课本、不检查作业批改情况、不检查作业记录本。这不仅是一种对教师的减负，更是一种对教师的信任、肯定。时任数学教师张随成老师回忆说：“那个时候实行名师免检制度，是一种很有教育眼光的表现，是学校教师管理的一种创新，我就是受益者。我觉得这是一个非常好的制度，对调动老师的积极性很有帮助。”“我是一个有才华、有能力的老师，但为人有点桀骜不驯，不是所有校长我都服的。但陈校长的一些做法我还是很佩服的，特别是他搞的名师免检制度。”

(二)月考制度

月考制度对现在的学校来说，是一种习以为常的教学质量监控考试制度。但在1993年，在刚刚提出“改革的步子可以再大一点”的年代，学校实行月考制度真的是“大一点”的具体体现。我那时还不知道什么是办学理念，也没有“先进的办学思想”这一想法。那时当中学校长，特别是一个小城市的中学校长，主要的工作有两件事：一是确保按时发放教师的工资；二是抓教学质量，提高学校的升学率。

那时我的头等大事就是抓教学质量。我在当校长之前当了两年教导主任和一年主管教学的副校长，深知教学质量的重要性，也深知教学质量的抓手在哪里。我当时建立了完备的常规教学管理制度，从计划、备课到考试和评价，制定了齐全的制度条例，最见效的是建立了落实机构和奖惩措施。完备的制度条例，营造了一个公平的工作环境。用现在的话说，制度创造了一个让人的才能可以充分发挥的自由环境。当然，在制度管理和人性化管理之间争论不休的时候，我始终相信制度管理的重要性、相信制度管理和人性化管理之间是没有矛盾的。

在所有的教学管理制度当中，我认为最见效、生命力最长久的就是月考制度。那时月考制度并不常见，随州市的中学中实施月考制度的可能就是我们学校。从月考试卷的命制到质量分析再到奖励评价，我建立了一套完整的体系，特别是质量跟踪分析数据。那时没有大数据的概念，也没有计算机可以帮忙分析，所有的数据都是人工统计、人工分析。每个班、每个学科、每个学生的每个月进退位次，算得清清楚楚，看得准准确确。那时我们学校评先进、推优，都是量化计算出来的，不是口头评议出来的。

月考制度使我们的教学管理更加规范，令我们的教学监控更加科学，让我们的教学质量年年提高。

（三）“五奖十贴”

在我当校长时，学校的财务状况极度堪忧。政府只拨教师人头经费的30%，剩下的学校日常开支、基建维修、教师工资缺口，都要学校自己想办法。特别是那几年，教师工资不断调整提高，每调一次都是又喜又急。喜的是工资涨了，急的是涨工资的缺口该怎么补。那时没有“收支两条线”、没有“财务结算中心”、没有“绩效工资”、没有“教师工资县级统发”，政府给学校的政策是可以超计划招生、可以收“计划外高价生”，所有费用学校自收自支。教学质量高，择校的学生就多，收费的标准就高。精明的校长，或者说所有的校长，就是在这样一种状况下，被驱使着把好钢用在刀刃上，把经费用在提高教学质量上。

为了打破“干与不干一个样、干多干少一个样、干好干坏一个样”的僵化局面，在企业打破“铁饭碗”“铁交椅”的社会背景下，我大胆地在学校实行“五奖十贴”，刺激教师教学的积极性。“五奖”是班级完成任务奖、学科教学成绩优秀奖、优生培养奖、差生辅导奖、全勤奖；“十贴”是课时补贴、超工作量补贴、加班补贴、命卷补贴、改卷补贴、监考补贴、看自习补贴、会议补贴、值日补贴、班主任补贴。“五奖十贴”基本上囊括了教学管理的基本环节和提高教学质量的关键环节。这些措施现在看来有些不可思议，甚至有些落后，在那时却像一缕春风，吹起一层层涟漪，在教师中间引起了极大的争议。但眼看着教学质量芝麻开花节节高，眼看着教师们积极性越来越高涨，眼看着外区的学生纷纷挤进我校来就读，特别是随着社会改革的形势不断深化，很多“怪事”大家慢慢习以为常了。现在想来，那时真不知是哪来的勇气干这样的改革大业，那时的我真是年轻气盛、无惧无畏、初生牛犊不怕虎。

(四)日常量化管理

我在学校实施量化管理，在随州这个小城市应该是领风气之先。量化管理就是对班级一天日常秩序的量化考核，实行百分制，包括学生考勤、跑操表现、早自习纪律、晚自习纪律、课堂纪律、课间操表现、教室卫生、包干区卫生、寝室内务、就寝纪律十项班级常规管理内容。

那时在学校教学楼正中间放着一块大大的黑板，黑板上就是全校各班日常秩序量化考核表。每天一汇总、每天一公布、每月一评比，评比结果与评选先进班级挂钩、与班主任补贴发放挂钩。实施日常秩序量化管理，需要一支师生值日队伍和一个管理机制。我们建立了班级值周制度，每个班轮流负责一周的十项班级常规量化评分，由德育处统筹公布并督促整改。那时学校条件比较差，公共场所大多是泥沙地面，包干区的清洁和学校的环境卫生相当难管理。学校经常会接受上面的各种检查、接待很多其他学校的来访，校容校貌的管理是一项很重要的工作。我当时成立了学校体艺卫生处，它除了负责体艺卫生方面的常规工作外，很大的精力放在学校日常量化管理的督促落实上。第一任体艺卫生处主任是教政治的刘老师，他工作起来很认真负责，但也有发牢骚的时候，总认为自己做的工作没多大意义，都是些鸡毛蒜皮的小事。我总是安慰他，这些可不是小事，是涉及学校形象的大事。正是由于有了类似刘老师这样的一批肯干、实干的行政干部，我们实施的量化管理才能落到实处，才能一下子扭转学校管理无序的状态。

学校实施量化管理，让班主任知道怎么管理班级，让学生知道一天该去怎么做。以日常秩序量化管理为核心，使整个学校管理慢慢走上正规化、制度化、科学化的轨道。那时我们根本不知道课程建设、特色建设是什么，只知道学校管理就是要有序、在有序的基础上出成绩，学校的教研氛围还不是很浓，也没有现在这样完善的教育科研、校本培训制度。在我当初的学校管理经历中，最想做的工作就是拨乱反正、就是建立新秩序，这也许和当时的社会发展大背景有关吧。

（五）没有爱就没有教育

正如著名教育家李希贵先生所说，教育其实很简单：一腔真爱，一份宽容，如此而已。我深以为然。没有爱与宽容，再宽敞的教室，再齐全的设施，再先进的设备，再优秀的教师，再聪明的学生，也难以发挥其所长，实现真正的价值。因此，要让学生感受爱、学会爱、懂得如何去爱。美好人性的塑造，并不需要什么高超的教育手法，融洽的氛围、和谐的人际关系、宽容和仁爱，这一切，都是美好教育的土壤，失去它们，任何教育都将是徒劳的。

一直以来，我都用心沉浸教育。我认为，不管在哪所学校，让进入校门的每一位学生“成人”是第一位的，这是赋予教师的重要责任。我们在做好学生人生和学习上的领路人的同时，更要成为学生的朋友和知己。我想，一流的教师要具有一流的人格魅力，不仅要有高尚的品德、渊博的知识、较高的业务水平，还要有幽默的语言、较强的亲和力、有效的管理能力、敏锐的判断力和观察力，更为重要的是要对学生付出自己的真爱。

高尔基曾说过，谁爱孩子，孩子就爱谁。只有爱孩子的人，他才可以教育孩子。在教育中，爱至关重要。教师对学生的爱，是师生之间的纽带，是一种巨大的教育力量。

记得在担任班主任的时候，班上有一名学生叫王加强，性格孤僻、顽劣、调皮，迟到、打架更是家常便饭，之后无故退学了。几经周折，我打探得知，他自幼父亲离家，母亲卧病在床，从小养成了自立、好强的性格。当时我住在学校，基本都是以校为家。由于任班主任，我每周的课时量都很多，有二十几节。因此，我平时根本没有时间去探访这位学生，再加上王加强家离学校有十几里路，我只能选择周末去探访。终于挨到了周末，那天天气有点凉，一下课我便骑上车往他家的方向赶。半路下起了小雨，等我骑到他家，衣服都湿透了。得知我的来意后，王加强显得很惊愕。我再次耐心地劝他返校上课，并通过学校等机构为他筹集了一些资助款，最终让他重返了校园。回校后的王加强一改以往顽劣的性格，变得勤奋、好学。后来才得知，那次我的诚恳打动了他。冰心说过："爱在左，同情在右，走在生命的两旁，随时播种，随时开花。"是的，我想教师的力量正在于此，会让爱不断地长大，会让每个人都感受爱的力量。

中　篇

南下广州
扎根海珠

2001 年，广州市海珠区首次面向全国招聘中小学校长，我以优异的成绩作为优秀人才被引进到海珠区教育系统工作。“穷则变，变则通，通则久。”唯物主义哲学中，“变”是永恒的，客观世界每时每刻都在发展变化着，万物皆在变更。在我看来，“变”就是在“不变”中寻求“更好”、在“传承”中实现“创新”。

第三章

多岗历练 逐教育之梦

一、76中：适应过渡期

在机会面前有四种人：第一种人创造机会，第二种人寻找机会，第三种人等待机会，第四种人错过机会。我们如果创造不了机会，至少也要主动去寻找机会。

2001年9月，我放弃了湖北省市级重点中学校长的身份，来到广州市海珠区第76中学这所区一级学校担任副校长，分管学校的德育工作。我在陌生的城市履行从没分管过的新工作，看着不如之前的工作环境，拿着不比之前多多少的工资，我并没有后悔，因为我很清楚自己到广州来的目的是什么。新环境、新工作、新起点，这对我来说是一个崭新的挑战，它让我有了重新开始的契机，有了重新塑造的可能，也有了重新思考的必要。于是，在快速适应新环境、融入学校团队后，我确定了自己“在不断完善中发展，在不断规范中创新”的工作思路，组织制定了《76中学生教育》《班级和班主任管理和考评细则》，提出了“营建德育场，构建主体性德育模式”的工作框架，组织了比较完备的“德育月主题教育”系列活动，使学校的德育工作形成了自己的一套体系，提高了学校德育的实效性。同时，我发挥自己的教学特长，积极协助推进新课程的实施，尝试建立与新课程相适应的教学工作管理制度。

回首岁月，虽然在76中只有短短的一年，但每每想起这一年，我都感慨万千。这一年算是我熟悉广州教育的过渡期，除了工作上的适应，还有生活上的适应。我很庆幸自己很快就适应了在广州的生活，更高兴的是在短短的一年时间里，我为76中的可持续发展做出了自己的贡献。

二、南武中学：快速成长期

2002 年 8 月，我被安排到广州市南武中学当副校长，先后分管德育工作、教学工作和科研工作。推进南武中学教育现代化，协力把南武中学打造成海珠区的品牌学校，是我在南武中学四年的执着追求。

我调到南武中学时，恰逢学校正在申报省一级学校并同时创办“省级绿色学校”。这是南武中学历史上实现的第二次飞跃，是南武人总结经验、凝聚人心、展示成就的极好契机，也是南武人展望未来、开拓创新、与时俱进、再创辉煌的崭新起点，更是全校广大师生共同的美好心愿。为此，我发挥自己特长，听从学校安排，认真研究学校百年历史，在已有资料的基础上，提炼南武的办学特色，诠释南武的办学理念体系，从理论上对南武“拓潜教育模式”进行厘定，撰写申报省一级学校和创办“省级绿色学校”自评报告，策划学校宣传片的文案和拍摄，主持编写校本教材，多次策划组织重要会议和有影响的大型活动，如全市科研现场会、粤闽澳三地中学生环境教育论坛等。这一系列活动提升了南武中学文化发展的品位，提高了南武中学的社会美誉度，为百年南武注入了新的生机和活力。

全面贯彻教育方针，面向全体学生，全面提高教育教学质量，一直是我管理学校教学的基本指导思想。从 2004 年秋季开始，广东省普通高中全面实施新课程改革。我紧跟高中新课程改革的步伐，积极稳妥推进学校新课程的实施，摸索建立与新课程相适应的教学工作管理制度，先后主持制定了《南武中学高中新课程改革实施方案》《南武中学学分制管理办法》《南武中学高中课程发展规划》《南武中学校本课程开发方案》等文件，为南武高中新课程的实施作了一个良好的铺垫。2005 年 6 月，在反思新课程实施一年的经历之后，我大胆调整了学校课程计划，解决了许多新课程实施过程中暴露的新问题和历史遗留的老问题，为学校课程计划的良性实施和有效提高教学质量打下了坚实的基础。同时，我努力以教学科研为龙头，一方面完善教学科研工作机制，制定了《南武中学教学科研工作规程》《南武中学教学科研管理制度》，明确工作职责，整合科研课题，深入开展“拓潜教育模式”的研究，强化教学科研意识，营造了浓厚的教学科研氛围，带领全体教师积极参与“广州市第三阶段教学设计和实施”的研究活动，取得了丰硕的成果；另一方面积极探索校本培训机制，形成“在行动中反思，在反思中发展”的教师培训工作思路，重构校内促进教师专业发展的课堂教学评比体系，让课堂焕发出生命的活力。这一年我代表南武中学在全区中小学校长学习班上作了校本培训经验介绍，受到广泛好评。

教学质量是学校的生命线。提高教学质量，要靠学校有效的教学管理，更要靠管理者的率先垂范，这是我多年积累的经验。因此，管教学，首先要懂教学；懂教学，必须会教学；会教学，必须亲自上课。抓管理，既要系统规划三年教学整体安排，又要抓住关键的高三备考工作。我还在学校高三毕业班工作领导小组担任副组长的工作，把握备考复习方向，具体负责教学工作的落实，制订阶段复习计划，明确阶段复习目标，布置阶段复习任务。在工作过程中，我注重过程管理，抓环节、抓课堂、抓反馈、抓总结，调动一切积极因素，寻求各方面的理解、支持、配合，在第一线做好组织协调工作和后勤保障工作，为毕业班工作创造有利条件。同时，千方百计地调动教师教学的积极性，激发学生的学习热情，不断挖掘学生的学习潜能。

我从2002年开始教高一语文课，这也是我调到广州后第一个完整的循环教学。身为校长，一边是学校教学管理事务，一边是自己的教学任务。尽职责，我要完成好我的管理任务；凭良心，我要对得起我的学生。我下定决心做到不因管理工作耽误教学工作，在教学上我花费了更多的心思，在课堂上我与学生平等对话。学生们都很喜欢上我的课，也喜欢和我交流。经过三年的奋斗，我们尝到了胜利的滋味。2005 年，南武中学高中毕业班成绩稳中有升，其中我所教的一个班的语文高考成绩超过年级平均分 40 分，成为南武语文高考成绩的最高纪录。2006 届的毕业生上高二时，我和级长采取了许多措施，使高考成绩有明显的进步。我在南武任职的三年中，两次被评为区级以上“先进工作者”；3 篇论文获省级以上奖励，5 篇论文获市、区级奖励；以个人名义或代表学校在市、区级有关业务会议上发言 5 次；个人所教班的教学成绩一直处于中上游，辅导学生 10 人次获市级奖励。

三、42 中：重要转折期

人生之所以精彩，大概在于有不同的经历。2005 年 8 月，我的工作再次发生了变动，这一次教育局领导将 42 中校长这副担子放到了我的肩上。

“士不可以不弘毅，任重而道远。”校长是一所学校的先行者、示范者、发动者，是提出学校发展愿景目标的总设计师，是打造精英教师团队的精神领袖，是一个追求卓越办学成就的领跑人。作为一校之长，只有不断更新观念，增强创新意识，发扬求真务实的精神，才能使学校在改革的浪潮中立于不败之地。

42 中是一所刚刚升级为广州市一级学校的完全中学。成功申报市一级学校虽然使 42 中在硬件建设上有了很大的改观，但学校的软件建设和“市一级学校”之名并不匹配：高考成绩本科指标任务完成率 53.4%，总分同组排名第 29 位，全市排名非常靠后；中考成绩全区排名第 28 位。一到 42 中，我和搭档吴朝晖、卢延意两位副校长就把工作目标和工作思路确定为：以改革创新和科研兴校为工作策略，循序渐进地健全和完善与新课程相适应的学校内部管理体制，稳妥推进新课程改革，积极促进教师专业发展；坚持以人为本、育人为本，努力改进教育教学方法，努力让校园变成乐园、让课堂焕发活力、让学习变得精彩，引导学生乐学、会学、勤学，全面发展学生素质，全面提高教学质量；努力把42中办成一所充满活力、领导放心、群众满意、学生信赖的“优质市一级学校”。

搭建教研平台，营建教研氛围。我们强化了集体备课，规定了集体备课的时间，要求备课组集体撰写教学简案(学案)，开展了“说课比赛”“青年教师课堂赛讲”“磨课”“教学调研开放日”及撰写“教育随笔”、进行“教学访谈”等系列活动，让教师在课例中研究、在研究中学会反思、在反思中得到发展、在自身的发展中促进学生的成长，进而达到促进学校发展的目标。

开设“42中讲坛”，建设学习型校园。“讲坛”是学校促进教师专业化发展的重要举措，是提高学校教育教学效果的有力保障。“讲坛”做到内外结合、专家学者与一线教师结合，在理论引介、经验交流和问题解决等方面为教师的教育教学提供了很好的理念和智力支持。全学年学校共计组织“讲坛”12次。

关注毕业班工作，绷紧质量生命线。学校成立了两个毕业班备考小组，分别由正副校长挂帅。小组本着“分段实施，精细管理”的基本策略，对整个毕业班的备考全过程，从教学计划到班级管理、从学法指导到心理辅导，都进行了精心设计、周密布置、科学安排，有条不紊地组织毕业班教师备考；学校不遗余力地为毕业班提供后勤支援，在教师办公室装上空调，增加毕业班教师办公电脑数量，配置了先进的电脑改卷系统，及时解决晚自习学生的用餐问题；减轻毕业班教师的工作压力，关心毕业班教师的生活，组织毕业班教师到先进学校参访学习，使其能身心愉悦地投入到紧张繁忙的工作中。

研究与探索分层教学，全面提高教学质量。学校出台了“分层教学”指导意见，召开了三次研讨会和经验交流会。部分学科、部分年级教师在教导处的指导下，积极开展目标分层、教学形式分层、辅导分层、作业分层、考试分层等实践尝试，丰富了分层教学研究的内容，初步形成了分层教学实践探索体系，效果较为明显。

完善学校管理制度，制定适应新课改需要的教学机制。本着从学校实际出发、为学校发展奠基，建设和谐校园、体现“四园”教育宗旨，落实科学发展观、创造适宜教师成就事业的环境，实施“成功教育”理念、促进教师队伍专业化发展，推进“质量强校”战略、优化学校资源配置的基本原则，学校制定了教职工工作绩效评价方案，打破了“干好干坏、干多干少、干与不干”一个样的僵化局面。形成良好的教学工作秩序，离不开完备的制度体系，学校先后重新厘定了“常规教学管理制度”“科组工作评价制度”“教学目标管理制度”等十多项制度。

形成系列，提高德育工作的实效性。德育工作的实效性是学校德育工作者不断追求攻克但很难破解的难题，其来源于德育工作的针对性、层次性和渐进性，前提条件是对学校现状实情的把握。我任职的一年间，在学校德育方面做了大量富有创造性的工作，如学校出台了“一日行为规范”“一日学习规范”，编制了学生教育手册；各年级成立了“专项工作小组”，小组成员认真履行职责，积极对学生的不良行为进行纠正、帮教；整体安排学校“月德育主题活动”，保证学生教育结合重大节庆日，月月有主题，周周有内容；制定流动制星级班级评比制度，完善德育工作考评体系，使学校德育工作制度健全、形成系列，校风有了明显的好转。

文化发展，环境育人。有品位的学校是有丰富文化内涵的学校，除了升学成绩什么都没有的学校不是好学校，学校文化是好学校与坏学校的分水岭。因此，我很重视学校文化建设，注意用学校文化引领学校各项工作。一方面，坚持以往历届领导班子提出的“以学生发展为本，让人人都能成功”的办学理念，坚定不移地走“成功教育”的办学模式之路，秉承了“自强、求实、善思、勤奋”的校风，恪守了“爱、严、勤、全”的校训。在此基础上，我们又提出了“花园、乐园、学园、家园”的“四园”办学宗旨，制定了“艺德治校”“人文立校”“科研兴校”“质量强校”的办学思路。另一方面，在不到两个月的时间中，我们紧锣密鼓、有条不紊地完成了学校 45 周年校庆的各项准备工作，并借助这一盛事归纳提炼出“42 中精神”“42 中教师誓词”，规划设计了 42 中校园文化整体建设方案，建立了完备的“42 中校园文化体系”。

春华秋实，桃李芬芳。经过一番艰辛的播种之后，我们迎来了 42 中丰收的季节。一年间，学校被评为“广州市绿色学校”“广州市心理健康教育示范学校”“全国心理健康教育特色学校”，教师课堂教学优良率由 2005 年 5 月的 86％提高到 2006 年 5 月的 93.7％，党支部被评为区教育系统“先进基层党组织”。高三毕业班高考成绩进步明显，本科指标任务完成率由 2005 年的 53.4％提高到 2006 年的 122.2％，总分同组排名由第 29 位上升到第 14 位。初三毕业班中考成绩也有较大提高，全区排名由第 28 位上升到第 18 位。42 中扭转了教学成绩滑坡的被动局面，稳住了“第二集团老大”的位子，基本实现了创办优质市一级学校的目标，为向省一级学校迈进奠定了坚实的基础。

一年的时间，匆匆如白驹过隙。我们的领导班子得到了教职工的信任，我们的工作得到了教职工的肯定。42 中走出了困境，美誉度得到提高，教学质量不断提升的趋势明显形成。

多年之后的今天，虽然 42 中早已更名为“广州市海珠外国语实验中学”，虽然我只是在 42 中做了一年的校长，但那段奋斗的光阴却是我职业生涯中最值得回味的时光。

第四章

中心主任促区域发展

一、新官上任

不断创新是教育永恒的基础和前提。也正是由于创新，教育这一古老的社会活动才能不断焕发出生机和活力。

2006年8月，我迎来了职业生涯中的又一个新起点：被任命为新成立的广州市海珠区教育发展中心主任。

广州市海珠区教育发展中心的前身是教师进修学校，包括培训处、教研室、电教站和科研室。中心当时的基础和状况，全区教育工作者都有目共睹；工作的难度和复杂程度，校长们也都心中有数。为了大局、为了不负重托，我筚路蓝缕、鞠躬尽瘁，力争不辱使命。

到任的第一年，我和班子成员一起把工作思路和策略定位为：突出“一个重点”；实行“两个融合”；理顺“三大关系”；强调“四个规字”；实现“五个转变”。突出“一个重点”：抓质量、抓协作。实行“两个融合”：一是将教学、科研、培训、信息技术融为一体，即教学是中心、科研是源泉、培训是保证、信息技术是手段，中心要求每位教学科研人员是教学的骨干，是科研的专家，是培训的导师，是信息技术运用的高手；二是把“抓均衡，抓协作”融合到常规的教学管理机制中，更多关注东部学校的教学科研工作，使“抓均衡，抓协作”制度化、经常化、长期化。理顺“三大关系”：发展中心内部的工作关系，包括领导体制、机构设置、工作制度、行为规程和人际关系等；发展中心与学校的关系，包括服务指导的基本工作模式，培训、教学、科研工作要素的界定等；发展中心与局职能部门的关系。强调“四个规字”：规划、规范、规程、规矩。讲“规划”就是要有计划意识，工作体现整体性、系统性；讲“规范”就是要求中心的人员在处理拟定文稿、资料整理、活动组织等日常事务时要按照特定的规范要求去做；讲“规程”就是要按照规定的程序、层级去办事；讲“规矩”就是要完善制度，遵守纪律。实现“五个转变”：发展中心内部运作转向规范、有序、高效；发展中心工作的重心转向学校教学常规及教学过程的调研和监控；教学科研工作的关键点转向抓基础教育的“出口”；发展中心工作的作风转向“科学指导，热忱服务”；发展中心工作的队伍素质转向研究型、专家型。

我们在具体工作中主要抓好以下几件事：整合机构，科学设岗，人尽其用，实现内部运作一体化；建立规矩，完善规章，讲求规程，实现管理服务制度化；注重实际，讲求实用，创新特色，探索区域性教师培训新体系；深入学校，注重引导，营造氛围，摸索区域性教育科研管理思路；突出主题，建立常规，创新形式，开创教学研究工作新局面；发挥整体优势，共享备考资源，探索备考形式，建立有效的毕业班备考机制。

我们用“和谐与优质，服务与发展”的发展理念统领各项工作，制定完善的《规范化建设手册》《海珠区教育发展中心章程》《海珠区教育发展中心三年发展规划》，引领教育发展中心走科学发展的道路，得到了基层学校的好评；我在管理实践中勤于思考、不断研究，形成了“科学、民主、文化、审美”的独特管理理念，得到了群众的好评。

二、优质服务

着意耕耘，自有收获。经过一年多的时间，我们基本上实现了上述目标，顺利度过了教育发展中心的磨合期。应该说，在教育发展中心几年的整合过程中，我有收获，也有失落。然而，困难并没让我止步，挫折并没让我气馁，因为我有一个坚定的信念：抓管理、抓质量、促均衡，为海珠教育的发展助力！

我也深知，完成了初创期的整合，下一步就要确定教育发展中心的发展方向。教育发展中心要不断提高研训质量，就必须注重培育研训品牌、培养研训骨干、推荐优秀研训成果。于是，我们开始着力打造“八大研训品牌”，提升服务质量，提升中心地位，促进海珠教育内涵发展。

(一)“33 教研工作体系”

三级教研网络，优化常规教研活动。“三级教研网络”即中学是市、区、学校学科三级教研活动，小学是区、学区、学校三级教研活动。市、区一级教研活动发挥了引领作用，在每学期初结合市教研活动安排，规划好全区的教研工作计划。全区教研计划是各学区、学校、学科开展教研活动的基本依据。学区一级教研活动旨在发挥区域优质学校、优质学科的作用，凝聚集体智慧，开展集体备课和课例研讨，指导研究教材教法，组织学科竞赛。学校学科一级教研活动重在对有效实施教学的研究，提高课堂教学效率，提高辅导训练质量，提高学校教学管理效能。学校学科教研必须制订完善的制度、科学的计划、扎实的措施。

三类调研视导，发挥教育教学反拨功能。“三类调研视导”即部门集体调研视导(含综合调研视导)、学科科组集体调研视导和学科教研员(中心组成员)的调研视导。通过调研视导，总结我区先进的教学教改经验，发现和培养教师教学典型，促进学校教学管理；通过调研视导，指导教师不断开发和优化教学资源，改进和完善教学方法，有效实施教学，促进教师专业发展；通过调研视导，指导学校落实国家课程政策，规范学校教学行为，促进学校实施素质教育。

(二)“5213 质量监控体系”

“5213 质量监控体系”是指中学毕业班每年备考“5 次段考”，中学非毕业班区际每年“2 次联考”，小学阶段每年“1 次任意调研测试”，区整体、学校整体、区学科“3类质量分析报告制度”。

“5213质量监控体系”建构目的是保证国家课程标准规定的学生学业水平达标，保证我区各学段教学质量不断提高。“5213质量监控体系”是在解读学科课程标准的基础上，建立学科试题库和教学资源包，建立完善的质量分析数据库，建立学业成就水平跟踪评价系统，为促进学生成长、教师进步、教学改进、学校发展与促进我区素质教育全面实施和教育教学质量稳步提高提供反拨建议，为教育行政部门决策提供科学依据。

(三)“22课堂教学评比模式”

“22课堂教学评比模式”是指每两年一次交叉举行的“海教杯”“明珠杯”课堂教学评比。通过进行全区性“海教杯”“明珠杯”比赛，规范常规课堂教学竞赛，搭建区域性集体学习、教研、交流平台，发现、培养青年/骨干教师，展现海珠教师风采，引领青年/骨干教师的专业成长。

(四)“名特级教师课堂教学艺术展示周”

每学年分学科举办“名特级教师课堂教学艺术展示周”活动，用省内外优秀名特级教师的课堂教学艺术引导全区教师研究课堂教学技能，改变课堂教学状况，提高课堂教学效率；用省内外优秀名特级教师的个人成长经历、独特教学思想示范引领全区教师，促进其专业发展。

(五)“教研员课堂教学示教周”

通过中小学教研员到学校兼课一周，为一线教师做课堂教学示范、为基层学校科组建设把脉、为青年教师专业成长引路；同时，为教研员的科研和理论转化搭建平台、为教研员的专业技能改进和创新提供机会、为教研员和一线教师的沟通和交流架起桥梁，不断提高教研员自身素质和创新能力。

(六)“海燕工程”“海鲸工程”

“海燕工程”即名校长、名教师和骨干教师异质文化背景下的基地式培养工程；“海鲸工程”即优秀教育教学成果推荐工程。整合省内外教师教育资源，加强与高等院校、科研院所和本区教育资源相结合，从不同地缘文化碰撞、不同教学流派交流、不同优势学科借鉴的背景出发，在以往有益尝试的基础上，在国内部属重点师范大学、综合性大学和境外大学建立海珠区教育培训基地，培养优秀教学管理者和优秀教学骨干。建立名教师名校长工作室，资助学校青年教师培养计划，利用区内优质资源形成共同体，建立开放、有序的中小学教师培训联盟体系。制定优惠政策，鼓励教师开展行动研究，指导教师提炼科研成果，帮助教师发表论文、出版专著，定期评定教育教学优秀成果奖。

(七)“东部研训工程”

2007年10月19日，“东部研训工程”正式启动。“东部研训工程”实际上是融教研、科研和培训于一体的“研训模式的实践研究”，是海珠区教育局促进教育均衡发展的重要工程，是区教育发展中心和有关实验学校落实“抓质量、抓管理、促均衡”的重要举措，是区教育发展中心探索教研、科研、培训一体化机制的行动研究课题，是拓展教育培训思路、提高教育培训实效性和针对性的有益尝试。

“东部”有三层含义：第一，“东部”是一个方位名词，指海珠区的东部，“东部研训”的起点，当然就是海珠区教育发展中心探索倾斜东部学校教研、科研和培训的指导、服务形式，从这一点来讲，“东部研训”是区教育发展中心探索研训工作着力点的切入口，体现的是“东部研训”的对象性；第二，从海珠区的地理位置和历史变迁来看，“东部”意味着“薄弱”，“东部研训”就是为了探索促进薄弱学校内涵发展的一种教研、科研和培训的校本研训模式，从这一点来讲，“东部研训”是探索通过校本教研、校本培训促进薄弱学校内涵发展的代名词，而不仅仅局限于东部学校，体现的是“东部研训”的延伸性；第三，“东部”为四方之一，是太阳升起的地方，“稍见云中白若摴蒱数十立者，山也。极天云一线异色，须臾成五采。日上，正赤如丹，下有红光动摇承之。或曰，此东海也。”从这一点来讲，“东部研训”寄托了教育工作者的教育理想，体现的是“东部研训”的象征性。

（八）《海教论坛》和《海上明珠大学堂》

《海教论坛》是海珠区教育工作者的学术争鸣阵地，每年邀请全国知名教育专家开办三四次。《海上明珠大学堂》是海珠区教育工作者的学习交流园地，两者交相辉映、相得益彰。每年出版 4 至 6 期区域学术杂志，通过《海教论坛》和《海上明珠大学堂》加强校校对话、师师对话，为校际和教师交流提供教育改革实践指导，为校长提供办学理论和实践咨询，为教育研究者提供问题资源和研究成果展示平台，为教育管理者提供决策咨询。

三、“和合文化”

我深刻地意识到，教育发展中心已进入到成长期，中心的领导方式必须发生转变。在科学制度比较健全的基础上，要注意文化的引领，更要注意管理者的行动引领。高质量的“八大研训品牌”实现了中心的优质发展，但文化的建设却远不是八大品牌所能实现的。从 2007—2008 学年开始，我把教育发展中心建设的重点归纳为一句话：建设和谐中心，提供优质服务。

我把“求真务实，追求卓越”的精神作为教育发展中心开展各项工作的基本要求，把理念和精神渗透、整合到日常的工作中去，用核心文化价值观“和合文化”领导我们的工作，使其逐步从制度建设的行政性管理向文化引领的知识性管理过渡，朝着建设“一个优化的管理运作机制、一批深受欢迎的优势活动、一批有影响有特色的优质项目、一批有影响有价值的优异成果、一支‘德艺双馨’的优秀队伍”的目标迈进。我积极参加研训活动，投身教育科研，率先垂范，充分发挥模范带头作用。在我看来，促发展就是形成合力、就是增强活力，和谐是目标、活力是目的。

在海珠区教育发展中心工作的六年时间，我时时刻刻对自己说：作为引领教育发展中心在教科研浪潮中搏击的带头人，就必须举特色旗、走创新路，为教育发展中心后续发展做出全面部署。我可以很骄傲地说：我不辱使命，兑现了对自己的承诺。我深知，自己是教育发展中心主任，更是一个研训人员，研训人员的工作就是多搞教学研究。在这期间，我参与了 1 项省级“十一五”重点科研课题的研究工作，主持了 1 项省级政府资助立项课题和 1 项区级重点科研课题的研究工作，负责申报并成功获批“广州市教育系统首批创建的学术创新团队”(全市基础教育系统仅 5 个)，亲自参与设计、组织、主持我区高中语文教研活动。我还积极撰写科研论文，2008—2009 学年，我在中文核心期刊上发表学科论文 5 篇、管理论文 3 篇，主持区讲座 6 次，参与编写有关辅导资料 2 本。同时，我被聘为“广东省高中教学水平评估语文学科专家”“广州市中学语文高级职称评审专家”“广州市教育学会理事”，这些成绩的取得也为我职业生涯的下一步发展奠定了坚实的基础。

下　篇

掌舵南武
名校蜕变

人的一生大概有很多机缘巧合，我的经历也同样如此。在海珠教育系统工作十年后的2011年，我又一次迎来了职业生涯的重大转变——这一年，我回到曾经工作过的南武中学任校长。于我而言，这是莫大的骄傲，也是巨大的历练。我始终坚信，无论是作为授业解惑的教师，还是作为统筹全局的校长，我都绝不能停下思考和实践的步伐，有“思”才有“行”，有“行”才能“变”，有“变”才会“进”。正因为善于思考、乐意改变，百年南武大胆改革，铸就了百年辉煌；正因为与时俱进、开拓创新，平凡的我用实际行动推行了一项项行之有效的举措，帮助南武实现了一次次伟大的跨越。

第五章

传承文化
润诗意校园

一、百年南武

(一)历史足迹

“羊城”是广州城的别称，但其实广州最早的称呼是“南武”。据《词源》载：“南武——今广东省城，粤城之创也”。相传战国时，楚王派公师隅南来略地，建一城。初，拟“东武城”制，以其南，故名“南武城”。显然，“南武”是一个古风醇厚的名字，是广州人绵长的记忆。

漫漫时光流逝，估计没有人能想到，两千多年后的清光绪末年，广州出现了一所以“南武”命名的学校。文化名流黄节(原名晦闻)、杨渐逵、黄汉莼、欧阳日瑚、李蕴石、谢英伯、何锡朋等，以修学励行故，于“龙溪首约”，创“群学书社”。越明年，易名“南武公学会”。1905年，始办新学堂，贤者黄节命名为“南武两等小学堂”。由是，“南武”校名，风雨百年。曰“南武”，寓“昭兹来许，绳其祖武”之意。显然，“南武”一词是黄晦闻先生根据战国时楚王派公师隅南来略地建一座“南武城”(即广州)得来。“南武城”是广州最初的城名，学堂以“南武”命名，有“教典不忘厥祖”之意。建校初期，为男女同校，就学者甚众，开广州市男女同校之先河。当时，学校按新学制开设课程，中学为体，西学为用，中西学结合。1912年春，为添办中学级，更名为“南武中学”。

显然，南武中学是海珠区最古老的一所中学，也是广州市历史最悠久的名校之一，被誉为“海珠文明的摇篮”。南武中学是海珠区现代文明的发祥地，是广州市现当代教育改革的试验田，也是广州市最具文化底蕴的学校之一。世纪风雨，铸就了“百年南武”金色的招牌，成就了“南武人”响亮的名字，积淀了南武中学丰厚的文化底蕴。

1901年春，黄晦闻、杨渐逵、黄汉莼、欧阳日瑚、李蕴石、谢英伯、何锡朋等人在广州市珠江南岸的龙溪首约成立“群学书社”，后转迁于海幢寺园照堂，将其加以修葺后，易名为“南武公学会”，成立群众阅报处，后取名为“南武两等小学堂”，于1905年3月3日开学，并向广东省学务处呈请备案，在1906年10月26日正式得到批准。谢英伯为南武学校首任校长，由公学会同仁分任教职，其中有张劭闻、杨仓西、潘达微、高剑父等人。当时南武任教者全为义务职，只供教员膳食，不计薪金。第一学期结束，学生增至55人。

1906年，何剑吴任校长，扩充规模，锐意办学，不到一年，学生激增至130人，除初等小学外，开办高等小学一个班。

1926年8月，南武中学增设高级中学普通、商、师范三科。1927年暑假后，改高中普通科为文理两科。

1928年7月，第一届高中文理科毕业，有文科毕业生14人、理科毕业生5人。至1931年，文理科有四届毕业，毕业生为46人。

1931年11月22日，坚忍堂奠基。1932年春，建造奉公楼用作学生宿舍。1933年春，因开辟同福路，将南武中学一分为二，路南为中学，路北为小学。1936年，拆西边1间饭堂课室，改建为红墙绿瓦的平房五间。

1938年秋，广州沦陷，学校停办。校址被日寇占为宪兵司令部，后改作陆军伤兵疗养院。1939年春，迁校于香港九龙深水埗南昌街，开设香港南武中学，由郭熙棠出任校长，学生300余人，只办初中和小学。也有师生迁广西办南武中学。1941年冬，香港沦陷，香港南武中学停办。1942年9月南武中学迁址曲江复办，先是借励群学校教室两间，招初、高中一年级各1班，约80人。1943年在曲江河边厂车站北小岗建新校址，学生达257人。1944年春，曲江沦陷，校舍被日寇占用，曲江南武中学被迫停办。

1945年秋，广州光复，南武中小学招生复课。至1949年夏，南武中学已发展为珠江南岸享有盛名、颇具规模、拥有1000多名学生、兼收寄宿生的全日制完全中学。

新中国成立后，所有的私立学校都逐步改为公立学校，南武中学和南武小学分别于1952年和1956年改为公立学校。从此，南武便成为政府直接管理的学校。

1952年起，在市政府的部署下，南武校址先后改办为广州市第一职业学校、广州市财经技术学校和广州市财政学校。原南武中学的学生转到五中就读。

1954年秋，市政府决定在南武校址同时开办全日制完全中学，名为广州市第十九中学，招初中、高中一年级各4班，约350人。1960年，经市政府批准，学校改办为广州市实验学校，校长先为罗文运，后为王真。

1966年夏，由于"文化大革命"，学校停课，至1968年秋复课，更名为广州市第五十八中学，招初中各年级48个班，学生激增至约2640人。

1970年拆旧礼堂，建力学楼。1971年秋至1980年夏，在校学生人数进一步激增，每学年达4000人以上，其中最高峰为1973年夏，达4300多人。

1984年11月，经市政府批准，学校复名为广州市南武中学。

1987年，在原西边课室旧址兴建的八层综合楼落成，三楼以上为校工宿舍。该楼的落成大大改善了教职工的居住环境。1990年拆坚忍堂。1992年年初，七层教学实验综合楼——坚忍楼竣工投入使用，并按国家教委标准配置了较为先进的设备。同年，修葺了力学楼。1993年，因开辟宝岗大道，政府收回足球场以东近2000平方米用地，校工宿舍迁至力学楼。1995年，建成临时商业街铺。

1996 年 2 月，经学校申报、市教委评估后批准，南武中学被评为广州市一级学校。同年 5 月，在成功申报市一级学校的基础上，南武中学研究并制定了五年发展规划，提出按省一级学校标准办学的目标。

1996 年，经过南武中学的努力争取以及市教委的大力支持，市教委基建处会同市规划设计院对学校作了全面的改造工程规划，这个规划于 1996 年 12 月 5 日获市教委通过。1998 年 2 月，原奉公楼一带改造工程动工。该工程规模浩大，基建投资约达 1500 万元(土建面积：主楼 8000 平方米；附属工程面积：广场 1800 平方米，地下室近 1000 平方米；拆除面积：4000 平方米)。新的奉公楼于 2000 年 1 月竣工，附属工程创新广场于 2000 年 8 月竣工投入使用。这座六层教学综合大楼的投入使用进一步改善了学校的办学条件。

随着城市管理重心的下移，1999 年 8 月，南武中学由市教委划拨海珠区教育局管辖。2000 年 6 月，海珠区区长罗家祥、副区长王罗端亲临南武中学视察工作，对校园的改造、学校的教育教学改革给予充分肯定和支持。

2003 年 2 月，学校凭借优异的教学质量和良好的声誉被评为广东省一级学校。

(二)“八字”校训

20 世纪初的中国，外有列强压迫，内有封建统治，领土分裂，主权丧失，人民生活在水深火热之中。南武“坚忍、奉公、力学、爱国”的“八字”校训源自校长何剑吴对爱国主义精神的推崇。1906 年 3 月，何剑吴任校长之后，根据当时国穷民弱的现实，强调“德、智、体、群、美”五育并重，提倡爱国主义教育。为更好地倡导爱国主义精神，何校长以辛亥革命先驱陈天华烈士之语“坚忍奉公，力学爱国”为南武校训，并为宣传民主革命不遗余力。为洗雪“东亚病夫”的耻辱，唤起青少年学生之觉醒，何校长非常重视体育课，把其列为主要课程，以加强体质锻炼，拓展学生潜能。著名教育家黄炎培也因此给予了南武“体育固驰名于南国，文化亦推重于中原”和“北有南开，南有南武”的评价。

这里有必要阐述一下陈天华的爱国主义精神以及这种精神与南武的关系。

陈天华(1875—1905)，字星台，又字过庭，号思黄，湖南新化下乐村人。他天资聪颖，刻苦自学。1896 年至 1897 年，陈天华随父亲到新化县城居住谋生，后经人帮助，入资江书院就读。不久，他以优异的成绩考入提倡新学的新化实学堂，并接受了维新思想。

1903 年春，陈天华由新化实学堂出资送日本留学，入东京弘文学院师范科。留日期间，陈天华眼看帝国主义列强张牙舞爪，妄图鲸吞中国，而清政府一再妥协投降、丧权辱国，使他非常悲愤，受到很大刺激，写了很多富有战斗性的政论文章。尤其是他怀着对祖国的无比热爱和对帝国主义的巨大仇恨写成的《猛回头》《警世钟》两本小册子，在当时的革命宣传中起了很大的作用。

陈天华回国后，于 1904 年 2 月随同黄兴、宋教仁、刘揆一等在长沙创立华兴会，参与谋划在湖南发动反清武装起义。又往江西游说清军防营统领响应起义，并与刘揆一等从事联络会党首领马福益的活动。不幸临期因内奸告密而失败，他再次亡命日本。

1905 年 8 月，孙中山领导的同盟会在东京成立，陈天华是发起人之一。《民报》创刊后他任编辑，在《民报》第一、二号上发表了《论中国宜改创民主政体》《中国革命史话》等重要政论文章。同盟会的建立、《民报》的创刊，使革命党人的影响更为扩大。为了扼杀海外革命活动，清政府曾多次要求日本政府驱逐留日中国学生中的革命党人。11 月，日本文部省颁布了《关于清国人入学之公私立学校之规则》，即《取缔清国留日学生规则》。留日中国学生群起反对，陈天华更是坚决主张归国的谋划，反对忍辱留日的软弱态度。为了抗议日本帝国主义和清朝反动政府的罪行，唤起同胞的觉醒，他愤然于 12 月 8 日在日本大森海湾蹈海自杀。针对日本报刊对中国留学生的恶毒污蔑，他在《绝命书》中勉励留学生要铭记“坚忍奉公，力学爱国”八个字，满怀希望地要求大家“去绝非行，共讲爱国”“卧薪尝胆，刻苦求学”，使之“养成实力，丕兴国家，则中国或可以不亡”。同时，他还留给留日学生总会一封信，希望他们不辱众望，坚持斗争。

1906 年夏，陈天华的灵柩运回湖南，万余长沙学生及各界人士在革命党人禹之谟的组织下手执白旗，高唱哀歌为陈天华送行。灵柩于岳麓山落葬。

“坚忍、奉公、力学、爱国”的校训鲜明地表达了一代学人高瞻远瞩的办学思想和博大精深的追求理念，高度地浓缩了学生积极求学的发展方向，深刻地揭示了学校为国家、民族发展而追求的培养目标，有着深刻的时代烙印和教育内涵。它既是对民主革命烈士陈天华高贵品格的生动写照，也是何剑吴校长教育思想的集中体现，成了百年来南武中学教育实践的指导思想。

“坚忍”就是坚忍不拔。校训勉励师生永远保持坚强刚毅、不屈不挠的奋斗精神。“奉公”本意为奉行公事，引申为克己奉公、奉公守法。校训倡导学习陈天华烈士为反对清王朝的腐朽统治、反对帝国主义列强瓜分中国不惜蹈海殉国的无私无畏精神，要求师生把实现国家富强、民族复兴作为自己矢志不渝的信仰。“力学”就是努力学习。陈天华烈士勤奋好学、视书如命，使他由一个放牛娃成为一个革命家、大文豪，其著作《猛回头》《警世钟》等用通俗语言宣传反清反帝的革命思想，影响深广。他说：“不把他(列强)的好处学到手，可抵得住他吗?”“江山抢转来了，没有科学，又怎么行得去呢?”由此可见，他读书救国的目的非常明确。

校训勉励学生学习陈天华烈士苦学成才、为国效力的革命精神。“爱国”就是弘扬陈天华烈士的爱国主义精神。“猛睡狮，梦中醒，向天一吼！百兽惊，龙蛇走，魑魅逃藏”表达了陈天华烈士唤醒沉睡的东方巨狮、唤醒民众，“万众向前”拯救多灾多难的祖国的坚强信念。直到他因反帝爱国的行动受到阻挠而满腔悲愤地跳海自杀前，还在《绝命书》中勉励人们：“去绝非行，共讲爱国，坚持斗争，誓死救国。”希望“到那时，齐叫道，中华万岁”。校训勉励师生永远铭记陈天华烈士以身殉国、誓死爱国的高尚情怀。

“八字”校训是我国优秀革命传统的组成部分，是展示南武深厚文化底蕴的重要内容，具有鲜明的时代意义。八个字，四个词，各有侧重，又相互统一。“坚忍”是对人的行为品质的要求，它所发扬的是中华民族几千年来所形成的“坚毅”“忍耐”的优秀文化品格，是对当代学子“修身齐家治国平天下”的基本素质要求。“奉公”是对人的意识形态的要求，它所发扬的是“天下为公”的传统道德要求，是当前集体主义思想的高度浓缩，要求学子有集体意识、公众意识和国家意识。“力学”是对人的认知态度的要求，它所发扬的是“自强不息”“勤奋好学”的传统学习品质，要求学子承传古代学者的学习精神，养成良好的学习习惯，勇于探索、不断追求新知。“爱国”是对人的情感价值的要求，它所发扬的是“天下兴亡，匹夫有责”的爱国主义传统，要求学子时刻关注天下形势、关心国家命运和民族前途，自觉地把自己的生命和前途与国家的发展联系起来，用实际行动为国家和社会做出应有的贡献。

“坚忍、奉公、力学、爱国”的校训在南武创办初期提出，沿用至今。一百多年来，南武教育的发展沐浴在“八字”校训的光辉之下，开拓创新，勇于进取，硕果累累，令人瞩目！“八字”校训将人的品德发展与“知、情、意、行”完整地结合起来，其最本质的内容就是关注人的个性完善和人格完美，具有实现人的全面发展和个性发展的重要内涵。广州的不少社会变革运动，都留有南武校友的英明伟绩；中国教育改革的每一个大的时期，南武同人都走在时代的前列。南武的校园无声地述说着它厚重的积淀和灵动的活力。在一百多年的发展历程中，南武几经波折沉浮，不变的是对“八字”校训精神的坚守、对中国优秀传统文化与南武文化的继承和发展、对教育教学改革的探索和坚持。

（三）“南武”精神

如前文所述，“南武”是一个古风醇厚的名字，学校以“南武”命名，其理由有：“南武城”是周代文章典制，代表古代文明；“南武”是广东省城最古老的称谓，是广东人亲手建立的名城；“南武”二字最能代表粤人的豪爽、勤劳、勇敢、坚韧等优良性格。

闲暇时间，我喜欢翻看南武的黑白老照片，那些照片上充满活力的身姿总会令我一次又一次地感动：健硕的肌肉、奔跑的双腿，还有尘土飞扬的操场上神情肃然的列队、挥洒着汗水大笑着的青春脸庞……好像重走长征路一样，我一边仔细翻阅南武的历史，一边认真品味着“南武”精神。

南武中学从成立之初，就崇尚“尚武精神”。在中国人被称为“东亚病夫”的年代，南武中学在专注于文教事业的同时重视体育，把自己的命运与国家、民族的命运联系在一起。学校常常利用课余组织各类体育活动，培养出不少优秀运动员，曾在多届省运动会上获得团体冠军，特别是在早期远东运动会上获得优秀成绩。丘纪祥获 220 码竞走第三名；许民辉、陈谨、何琳等 6 位南武学生入选中国男子排球队，该队在第二届、第三届远东运动会上连续获得冠军。南武为推动和发展旧中国的体育运动、提高运动竞技水平以为祖国争光做出很大的贡献，当时就有“体育固驰名于南国，文化亦推重于中原”的美誉，不仅誉满华南，还名扬东南亚。早年黄炎培先生对南武中学作出“北有南开，南有南武”的高度评价，诚非偶然。

抚今追昔，南武中学的这种“尚武精神”更有着极强的现实意义。

近年来，越来越多的人开始关注中小学生的锻炼时间。教育部公布的数据显示，中小学校的校园体育课及体育活动严重不足，只有小部分的小学、初中和高中能够保证学生每天有一小时校园体育活动。我国青少年的国民体质下降，其中肥胖率增长近 50%，近视率从 20%增长到 31%。看到这样的数据，我内心十分担忧：青少年是祖国的希望，是未来国家的建设者、民族复兴的接班人，可是体质如此娇弱，何来健康的精神？还谈什么回报社会、立业兴邦？而这一现状的症结，无论如何都与当前中国教育出于功利主义而导致的片面“重文轻武”脱不了干系。

值得庆幸的是，南武中学的体艺教育实践经验在其全面综合的素质教育中成效显著。近年来，南武中学通过体育教育和艺术教育这两个平台，注重发展学生的个性特长，充分挖掘学生的内在潜力，使体育教育和艺术教育成为两大办学亮点。

南武的体艺教育不但突出了传统、保持了特色，而且效果良好、成绩斐然。其中，乒乓球、羽毛球、游泳、田径、篮球、女子足球 6 支运动队尤其可圈可点，在市、区的各项竞赛中保持着较高的竞技水平，先后获得了广州市中学生游泳运动会高中组团体总分第一名，广州市中学生游泳锦标赛高中组团体第一名，广州市安利杯中学生乒乓球锦标赛男子团体第一名、女子团体第三名等优异成绩。羽毛球奥运冠军张洁雯、世界冠军谢杏芳都是南武中学的校友。

选手参加比赛

南武中学在体育竞技上的精神也延伸至

艺术上。近年，南武中学在艺术比赛中有上佳表现，硕果累累。不仅先后获得海珠区第五届舞蹈节比赛一等奖，海珠区第五届学校艺术节声乐类小组唱一等奖、声乐类独唱一等奖等区内奖项，更斩获广州市第五届学校艺术节舞蹈专项比赛中国舞甲组一等奖第三名、2008 年首届广州市中学生“南腔粤调”乡土音乐演唱比赛一等奖等。在 2010 年广州市合唱节比赛中，南武中学的节目荣获一等奖。

百年南武，孕育出了深厚的“南武”精神，她包含着积极进取的精神、爱乡爱国的情感、强身健体的风尚和改革创新的意识。时光飞逝，日月如梭，转眼间，南武已经走过了 100 多个年头。身为南武人的我，在开拓中不忘坚守、在创新中不忘传承，让“尚武精神”的传统在新时代放射出了耀眼的光芒，也让历代南武人激情燃烧的岁月焕发出了新的生机。“南武”精神永远闪耀着时代的光芒，南武中学的办学理念永远代表着教育科学发展的方向，南武中学的课程设置、教学方法、学校生活永远充满着独特的活力和魅力。我时刻以这种“君子当自强不息，厚德载物”的精神来鞭策自己，把南武中学的思想精华传承下去，努力成为一名境界高远、品格高尚的教育家。

二、诗意校园

（一）诗意的物象

从地理位置上看，南武中学坐落于美丽的珠江南岸、古刹海幢寺旁，分南北两个校区。从数据上看，南武中学占地共 3.3 万平方米，建筑面积 3.7 万平方米，现有 60 个教学班，教职工 220 人，在校学生 3000 余人。

显然，理性的数据充其量只能证明南武中学有着较为宽敞的办学环境，并不能很好地定位南武为百年老校。而在我看来，校园是传承文化的圣地，一所老校，就是一本书、一首诗、一幅画。空闲时、创作时、思考时、苦恼时，我喜欢漫步在南武校园，随身携带一支笔、一本书或一个笔记本，看古迹美景，如沐浴人文之春风、氤氲文化之气息，感慨百年南武的教育如诗之风韵、山之沉稳、水之灵动，偶尔文思泉涌、灵感喷发，便立刻记在本子上，旁若无人。于是，就这样成就了我的一篇篇散文、诗歌、论文、专著……可以说，诗意的南武是我文思的源泉。请跟随我的脚步一睹南武的风采。

学校正门，巍巍"力学楼"耸立眼前，古色古香的建筑风格，红砖砌就的墙面，配以金黄色琉璃瓦飞檐，在高大、茂密的道旁树丛的映衬下，显得庄严肃穆、气势恢宏。正门两边，镶嵌有"百年南武""老校生辉"两块巨大的大理石浮雕，以中国建筑的传统对称构图，演绎着百年南武的风雨春秋。

走进正门，步入"古风堂"。大堂两侧分别悬挂巨幅青铜浮雕：一块以广州城城名的更替为主题，点明"南武"是广州城最早的称谓；一块以南武早期"德、智、体、群、美"的办学方针为主题，铭记南武昔日的辉煌。大堂中央矗立四根粗大的紫色大理石柱子，是南武校训"坚忍、奉公、力学、爱国"的象征，寓意"坚奉力爱"是南武教育的四根精神支柱。四根柱子簇拥着大堂顶上一组圆形造型的巨幅灯组，寓意南武教育"汇聚百年传统，传承世纪辉煌"。大堂内墙壁上，还雕刻有南武校名、校徽、校训和《南武公学会会歌》等南武的文化标识，演绎了南武"新学兴盛，西风东渐，启迪民智，化风移俗"的创办背景，体现了南武"中西合璧，文武相辉，振兴中华，放眼世界"的教育情怀。"古风堂"宽敞明亮、庄严肃穆、古风凝重，让每天从此进入南武校园的莘莘学子沐风励志、踏歌前行。

同出一脉的南校区“古风文化广场”，融入岭南建筑要素，点缀南武故事景语，有机地呈现了南武古、精、雅的文化特质，丰富了校园文化内涵。

拾级而上，古风犹存。首先映入眼帘的是醒目的“校训壁”，“坚忍、奉公、力学、爱国”的校训镶嵌在具有中式古典特征的格架上，顺着高达七层的“坚忍楼”的墙壁依次排列。“八字”校训从南武创办初期一直沿用至今，它像一面铜镜，让每天从这里经过的师生正衣冠、明是非、辨荣辱、知进退。我们坚守“坚忍、奉公、力学、爱国”，就是坚守“百年南武”的坚强意志，就是坚守南武人的高贵品质，就是坚守南武教育的一份责任，就是坚守中国教育的脊梁。

“校训壁”的正下方，有一座造型别致、黑白相间的“百年南武”纪念碑。汉白玉上用小篆体刻有“古风·蓝韵”四字，精准介绍南武的教育特色和文化特质。碑文共304字，也用小篆书写，讲述了“南武”一词的由来和学校命名的缘由。碑形简练，碑文简洁，昭示百年南武“周虽旧邦，其命维新”，激励南武人“绳厥祖武”，追逐“携手同登世界之舞台，增我南武之璀玮”的“南武梦”。

在古榕苑的入口，有一口古井——“状元井”。相传明嘉靖年间，南宋状元张镇孙之曾孙建宅开村，挖掘水井，以示饮水思源，激发后世子孙爱国热情，这就是后来的“状元井”。南武中学特在校园筑此井，它很好地契合了校训中“力学、爱国”精神的要求，以激励南武学生爱国奉献、奋发有为。

路过“状元井”，来到菁菁的古榕苑，鸟儿和鸣、书声琅琅、弦歌阵阵、流水潺潺、清风习习，沁人心脾。几棵百年古榕树，枝繁叶茂、绿意盎然。远远看去，古榕树像是南武的定海神针，立在苑中央，它们不仅是南武悠久历史的象征、吉祥的象征，更是南武人积极向上、一飞冲天的精神象征。古榕苑深厚的历史文化底蕴和现代文明交相辉映，演绎着南武的古风新韵，闪耀着世界科技的星光，散发着南武文化的独特魅力。古榕苑优雅的环境已经成为一种无声的语言，引导学生“用心、专心、精心”，促使学生“爱学、勤学、乐学”，培养学生“坚忍、力学”的品质。

走进古榕苑，首先映入眼帘的是润泽潭。远远望去，怪石嶙峋，参差错落，挺拔俊秀，情趣宜人。假山中央有个人工喷泉，一条水流蜿蜒而下，细水潺潺，轻轻落入池里，逗着正在潭里玩耍的鱼儿。假山周围顺势环绕着寓意学校“蓝韵”特色的蓝色池底的水池，池水清澈见底，池里荷叶摇曳。

敬师亭

假山下波光粼粼的碧水，倒映着弯弯的小石桥和红瓦尖顶的敬师亭的倩影。敬师亭具有眺望、休息、遮阳、避雨等功能，与古榕苑内的花木、假山、流水、雕像一起组成校园内一道完美的园林景观。南武学子们或在闲暇时徜徉其中，或在课间时凭栏静观，诗情画意，美不胜收，都会感受到一种美好的意境。敬师亭与何剑吴先生纪念铜像遥相呼应，共同形成一道人文景观，有着深厚的文化内涵。

在婆娑的古榕树下，何剑吴先生纪念铜像矗立在最显眼的位置。何剑吴先生六任南武校长，为南武的发展奠定了坚实的基础。每年 3 月的第一个周日，南武人都会在何剑吴先生纪念铜像前举行纪念仪式，表达对先师的敬意，缅怀先贤“奉公、爱国”的精神和民族自强的情怀。

古榕苑内30米长的汉白玉线雕“科技长廊”，展现着人类科技文明发展的画卷，立体演绎着世界科技的辉煌篇章。围墙上的琉璃瓦，无声地诉说着南武历史的悠长，激发着学生参与科技实践的兴趣，培养着学生科学创新的精神，营造了一种充满个性和创新意识的氛围。

穿过古榕苑，就来到了生肖园。生肖文化是中华民俗的一个重要组成部分，学校利用有限的绿化环境把十二属相安放在草丛中或树上，各生肖栩栩如生，让师生在平日的休闲娱乐中就能感受中华传统文化之精妙。

花是文化的载体、美的使者，蓝韵堂前的樱园更是诗意校园的亮点。每年仲春，象征热情、纯洁、高尚的樱花在樱园怒放，散发着阵阵清香，引来师生们驻足观赏。同学们也可在樱园的斗智区下中国象棋，陶冶心灵，活跃思维。

南武的校园无声地述说着它厚重的积淀和灵动的活力。在一百多年的发展历程中，南武几经波折沉浮，不变的是对“八字”校训精神的坚守、对中国优秀传统文化与南武文化的继承和发展、对教育教学改革的探索和坚持。

当然，校园除了古典气质，也需时代新意。这一点在南武的校徽上就可见一斑。南武的校徽采用银盾造型，盾牌中间佩上蓝色绶带，代表南武的教育思想曾经受欧风美雨洗礼；绶带上镶嵌两颗银星，代表文武双全、中西合璧；红色的“南武中学”校名分列绶带上下，红色代表中国传统文化，而蓝色代表西方的海洋文明。漫步在南武的诗意校园，最能感受到“古今文化的结合”，体验到“东西文化的交融”。学校里有很多类似的文化遗迹。

沿着南武正门的石板拾级而上，英语城里极具西式韵味和欧陆风情的英语广场、车站、书店、灯饰、户外长椅、遮阳伞让人流连忘返，好不惬意。同学们在英语城可以用英语模拟情景交际。

课改班、剑吴班、国际班的课室就是根据英语情景教学场室的理念和要求设置的，群学堂也成为英语剧剧场。英语城及英语情景教学场室不仅营造了浓厚的国际化氛围，而且其高端的英语教学条件极大地促进了英语教学，展现的是欧风美雨，是对英语课堂的延续，是对英语教学空间的拓展，是对地球村的形象展现，是南武国际化特色的载体。

移步换景，来到蓝韵堂。首先映入眼帘的是“拥抱未来”雕塑，寓意放眼世界，憧憬美好未来。继续前行，由“世界地图”“中国地图”“国旗、国徽、国歌”“世界时区”组成的世界时空隧道精巧地布置在两侧，令人赏心悦目。南武学子无时无刻不在这种中西文化碰撞中感悟、在中西文化交融中成长，中西文化的巧妙融合自然成为南武蓝韵特色的注脚。

再次拾级而上，来到蓝韵广场。广场竖立着六根白色的罗马柱，地面以浅蓝色为主调，点缀着1000多个白色的标示原点，寓意南武学子面向世界，像大海的浪花一样在知识的海洋里畅游，汲取着西方文明的精髓。

蓝韵广场上的奉公楼不论是外墙的颜色、装饰线条，还是建筑造型、功能格局，都体现着西式建筑的风格和韵味，成为南武蓝韵国际化特色的有力注脚。

在蓝韵广场的西侧，你可以在洁芳羽毛球场感悟南武体育的魅力。羽毛球场命名为“洁芳”，原因有二。南武初为男女合校，1908年，南武学堂的女子部改办广州私立洁芳女子中学，女校分设后，由黄晦闻命名为“洁芳女校”，取屈原“志洁行芳”之意。体育一直以来是南武的特色和传统强项，羽毛球奥运冠军张洁雯、世界冠军谢杏芳均是南武校友，她们非常关注母校的发展，常回南武。洁芳羽毛球场成了南武学子学习、运动和娱乐的场所，激励着南武学子内外兼修，锻炼心志与强壮体魄。

新建的3000多平方米的学生活动中心，为发展学生特长、拓展学生潜能提供了多彩的舞台。学校有一流的教学设施设备：千兆校园网络系统、100个电教平台、600多台电脑，初显“智能校园”雏形；历史室、美术室、音乐室、舞蹈室、心理辅导室、通用技术室、生物探究室、微格教室等专用场室的设计、装潢、配置，领广州学校风气之先；藏书15万多册的图书馆完全实现了信息化管理。特别值得一提的是，高水准的手艺展演馆、手植园（包括种植、养殖功能区）为特色课程提供了物质保障，丰富了特色课程建设的文化环境。总之，高标准建设的艺术教育基地场室、生物园、地理园、地理室、音乐室、微格教室等专用场室，既能满足学科独立进行个性化教学的需要，又能保证学生高质量开展丰富多彩的学科兴趣小组和综合性实践学习活动，堪称一本本活生生的耐读的书。

图书馆借阅区

总之，南武中学到处洋溢着美的气息。这里，你可以体验愉悦、深刻而极具思维品质的课堂；这里，你可以参与丰富、多样而充满个性的社团活动；这里，你可以感受“坚奉力爱”的校园文化精神，感悟南武文化之魂；这里，你可以涵养精神、提炼人生的品质和内涵。

（二）自主的氛围

“北有南开，南有南武”。南武中学建校于1905年，是“废科举，办新学”背景下海珠区诞生的第一所新式学校，一百多年的校史积淀了丰厚的历史文化底蕴，在“坚忍、奉公、力学、爱国”的校训熏陶下，营造出了一种“严勤实活”的校风。“严”是纪律严明、作风严谨、管理严密；“勤”是勤奋学习、勤恳忠诚、勤劳勇敢；“实”是踏实虚心、朴实认真、实事求是；“活”是活泼健康、活学活用、灵活创新。那“严勤实活”的校风是如何营造出来的呢？这跟我们的德育工作是分不开的。近几年，我带领着南武的教师团队，继承学校的光荣传统，提升宝贵的德育经验，摸索出一条德育新途：建构学生的自管自育德育体系。

苏联教育家苏霍姆林斯基说过“真正的教育是自我教育”，我认为德育的本质在“育”而不在“管”。为此，学校在学生管理上力争做到“管是为了不管”，就是要让学生自己来管理，即“自管自育”。我们构建的自管自育德育体系如下：以学生的终身发展为目标，以学生自主能力的培养为重点，以学生的自我教育、自我管理、自我评价为内容，开展学校德育工作新的实践与探索，从而让学生思想上自主、行为上自控、生活上自理、学习上自学，给学生选择的自由、表现的机会、评价的权利、创造的空间，使学生张扬个性，通过自我教育和自我管理实现自主发展。

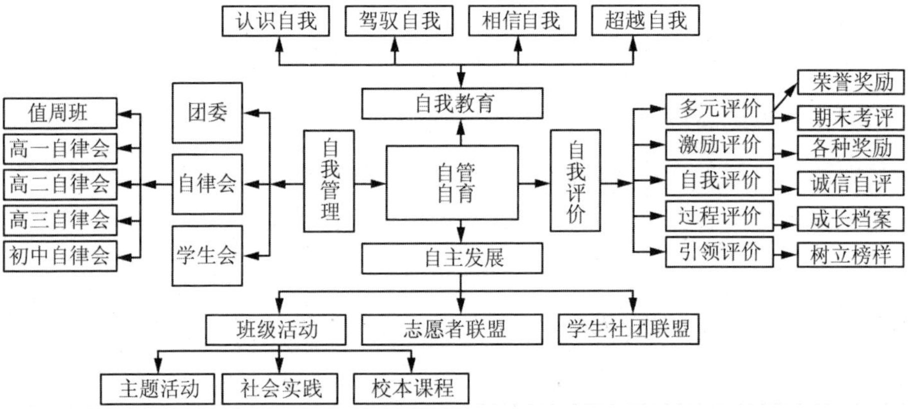

自管自育德育体系

自管自育德育体系以自我教育、自我管理、自主发展、自我评价四大核心部分为骨架。自我教育主要让学生学会慎独、慎染、慎微、慎始、慎终，用十字铭修炼文雅的南武人；自我管理主要为学生搭建平台，成立学生自组织，通过团委、学生会、自律委员会、值周班制度等学会组织和管理；自主发展让学生在班级文化建设活动中、在社区志愿服务活动中、在校内外社团活动中自我设计、自我组织、自我磨砺、自我成长，发展自己的才能；自我评价包括学校期末考评与个人获得荣誉和奖励相结合的多元评价，校园之星评比、南华奖评比、奖学金评比等多种形式的激励评价，诚信守纪的自我评价，建立个人成长记录档案的过程评价，英模和身边典型结合的榜样激励评价。多样的评价手段促进学生积极向上向善，努力做一个文雅的南武人。

1. 自律委员会

自律委员会是一个学生自我服务、自我管理、自我教育、自我约束的自律性组织。该管理体系是自管自育德育体系的核心部分，主要由学生会、团委和社团干部自主运作。在三级学生自我管理体系中，自律委员会是核心和枢纽。每个年级、班级也有自律委员会，完成年级、班级的日常管理工作。

2. 值周班

该制度是自管自育德育体系主要载体之一。组织每个班级的学生全员佩戴“值周班”袖章上岗，担任一整周的学校值勤工作。主设六大岗位：正门值勤、饭堂义工、图书馆义工、荣誉升旗手、“班级十项常规”评比、仪容仪表纠察，并进行值周班小结，培养学生的主人翁精神和自我管理能力，使学生协助参与学校日常管理，践行学校自管自育的德育理念。

3. 学生社团

学生社团是学校自管自育德育体系的核心载体之一，能够提升学生综合素质、丰富学生课余校园生活、陶冶学生情操、培养学生兴趣爱好。学生社团为学生提供了展示智慧和才华的广阔舞台，成为拓展校园文化建设的载体，践行学校自管自育的德育理念。学校由学生自发组建并自主管理的社团有六大类(学科类、科技类、文学类、文学创作类、艺术类、社会公益类)28 个。

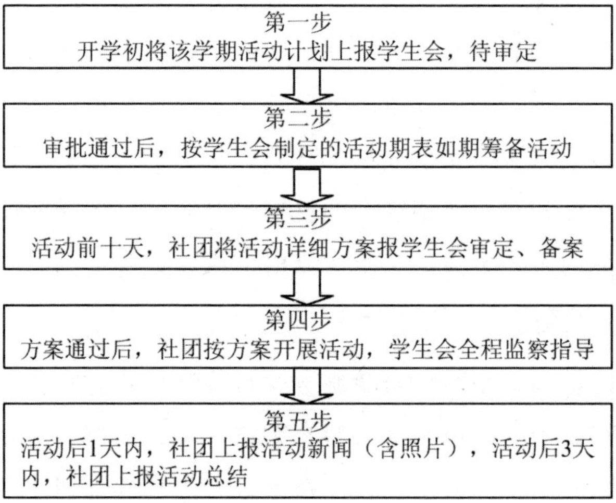

社团活动步骤

以上三条自管自育的途径中，我重点解读一下学生社团对于自主氛围营造的重要性和意义。

长期以来，学生社团作为德育工作的重要载体，在学校德育过程中发挥着举足轻重的作用。因此，社团管理模式的变革和创新是提高德育工作效率、促进学生全面发展的迫切需求。但在长期的德育实践中，我发现学生社团的管理仍然存在着很多有待解决的现实问题。如传统的管理模式是学生社团直接受校团委的统一管理，二者是指导与被指导的关系，主要由上级领导来制定社团各项活动的方针政策。这样一来，学校把社团运作管理得较死，学生要求独立的愿望很强烈。同时，学生的兴趣爱好相对稳定下来，但由于缺乏合适的引导方法，学生一直未能完全按照自己的意愿在社团中追求志趣。国外的许多学校，在社团管理方面已经非常成熟。以美国为例，学校要求学生社团必须独立，即使是社团顾问指导社团工作，也要让社团保持相对的自主性；社团活动的经费主要通过向学校的相关部门或基金会申请，或通过自主经营项目、举办收费活动、收取会费等筹集；社团由学生自发组织建立，有专门负责顾问和引导工作的机构为学生提供引导服务，并规范学生对社团的管理。这样做既能让学生自主管理社团，又能及时向学生提供引导和帮助，从而规范学生的管理工作，提高社团运作的效率。

基于此种考虑，学校在社团管理的理念上大胆求变，通过借鉴学习其他优秀的社团管理范例，探索出了一种适合自身发展的新模式——引导服务与规范管理相结合的中学生社团管理模式。为此，学校通过成立学生社团管理机构、健全《南武中学学生社团管理条例》，对社团的登记申请与活动的组织、策划和记录等方面做了详细的规定。经核准登记的社团自觉接受校团委、学生会社团部领导与指导，在组织管理上严格按《南武中学学生社团管理条例》办事。各社团也制定了切实可行的本社团的宗旨及相关管理制度，严格按照社团章程和制度开展活动，做到有章可循、有据可依。通过完善运行机制，积极为社团成员创造良好的软环境。学校领导小组还向各社团提供指导教师建议名单，并由社团负责与相关教师联系，争取其成为自己社团的指导教师。同时，根据社团的专业性为社团提供专门的活动场地和器械设施，从而保证会员交流思想、开展工作的质量，把社团活动进一步引向正规化。

学校通过社团活动极大地提高了学生的综合素质，涌现出很多有较高技能的社团成员和颇具特色的社团。如观鸟社荣获广州市“爱鸟、环保小卫士”和“广州市十佳观鸟社”称号；阡陌文学社定期开展名著欣赏、文学创作和记者采风等活动，同时创办具有南武特色的刊物《阡陌》；科技创新社获2012—2013全球头脑创新思维中国区总决赛二等奖，2012年广州市中小学电脑机器人竞赛活动高中组机器人足球项目二等奖；武术队荣获2012年广东省传统武术项目锦标赛男子高中组自选剑术第一名；无线电测向组荣获2012年广州市防震减灾业余无线电通信竞赛理论考核高中男子组、女子组一等奖；艺术团获全国青少年艺术展评活动“石头记杯”进京选拔赛优胜奖；小海燕合唱团在公开赛童声二组获得金奖；游泳队获得海珠区中学生游泳锦标赛高中女子100米仰泳比赛第一名。

学校社团的建立给学生提供了自我发展的“舞台空间”，社团的民主选举方式使得每位成员都有机会成为社团的领导者，每个学生都有机会在社团干部的岗位上锻炼自己的管理、组织、策划等各种能力，找到适合自身才能发展的位置。学校还通过各种途径对各社团的领导进行各项培训，提升他们组建社团和开展活动的能力，并根据学校的特点编写了《学生领袖培训手册》，定期举行学生领袖培训营活动。在这样的氛围下，学校培养了一批具有一定领导能力的社团骨干，各社团的干部能独当一面，有效组织社团活动，使社团活动开展得如火如荼。

当然，我们强调学生自主发展，但绝不放松德育规范管理。这看似矛盾，但如果只放任学生自己的“个性发展”而不顾学校的德育规范，将“自管自育”理解为另一个极端，即我行我素、天马行空，这是错误的。两者的关系是相辅相成的：德育规范管理是学生自主发展的前提和保障，学生自主发展则进一步促进了德育规范管理的实施。我们的目的是用常规管理制度规范学生行为，促使学生由他律变为自律。构建自管自育德育体系，是我们的德育追求的最高层次和最高境界。

实践证明，只有凸显学生的主体性、实现学生自管自育的德育，才是有实效的德育；只有凸显德育的实践性、强化学生道德体验的德育，才是有活力的德育；只有凸显学生的自主性、为学生提供广阔的发展和选择空间的德育，才是有品位的德育；只有坚持贴近生活、贴近实际、贴近学生的德育，才是有魅力的德育。

（三）“和合”团队

一所学校的办学理念、办学特色，皆源于其文化积淀。始建于1905年的南武中学，是海珠现代文明的发源地，是广州市最具文化底蕴的学校之一，是广州市现当代教育改革的试验田，被誉为“海珠文明的摇篮”。一百多年的办学历史使南武中学积淀了深厚的文化底蕴，改革开放的新时代又赋予了她蓬勃的现代活力。

诗意校园的构筑者是人，确切地说是承担教书育人使命的教师。文以载道，大而化之，文化的力量往往是事物发展的内在动力。在南武中学百年发展的历史进程中，不仅形成了具有鲜明时代特色的文化内核，更打造了一支作为文化理念传承者和教育工作主力军的教师队伍，这无疑构成了其内涵式发展的主要内容。

在文化内核方面，“和合”是“百年南武”文化的精髓。“和合”就是和乐和合力。和乐，即“和谐快乐”。因为和谐才快乐；和谐是过程，快乐是结果；和谐是手段，快乐是目的。在南武，“同无妨异，异不害同，五色交辉，相得益彰，八音合奏，终和且平”。同事相处和谐，部门配合和谐，师生教学和谐，人际关系和谐，校园充满和乐，独乐乐，他乐乐，众乐乐。合力，即“心会力合”。心会，即齐心，观念一致，思想一致，目标一致，认识一致，言语一致；力合，即齐力，行动一致，拧成一股绳，劲往一处使，追求“万物并育不相害，道并行而不相悖”。在南武，思想自由，兼容并包，长扬之，弊补之。南武人“己欲立而立人，己欲达而达人”，虚怀若谷，宽容互谅，团队意识强，顾全大局，筚路蓝缕，共荣共进。

今天，“和合”文化无疑已成为南武中学的精神特色。有教师说，“和合”文化不仅是我们的“世界观”，也是“方法论”；不仅是我们前进的方向，也是灵感和力量的源泉。事实上，南武中学特色文化的形成，在很大程度上得益于其深厚的文化底蕴，这集中体现在教师队伍建设上。

从历史上看，在南武教师队伍中，曾有中国第一所新闻学院的创办者谢英伯，有中国第一块国际体育比赛金牌获得者陈彦，有中国第一个引进西方动漫教学的美术教育家潘达微，有中国第一个体育硕士学位获得者许民辉，有中国共产党第五次全国代表大会参加者杨匏安等。无怪乎南武中学会因教师闻名，她的教师多为南粤文化、体育、艺术精英的杰出代表。

秉承优秀传统，延续南武校脉。如今，我更加强调把教师强校作为发展战略之一。学校不仅通过定期举办南武大学堂、中美课堂同课异构、中美思维课堂教学论坛、教师异地驻校研训等品牌项目，促进教师专业成长、培养名优教师，还把“培养合规范、有特长、敢担当、可发展的文雅敦朴、具有国际视野的南武人”作为育人目标，通过促进课堂教学由知识型向思维型转轨，开设了语言、艺术等十多门校本特色课程，成立了音乐社、话剧社等20多个学生社团，促进学生全面、和谐、健康发展。

学校要想培养出高素质的学生，就要先培育出高素质的教师。在教师队伍的培育方面，南武也有着优良的传统。“努力造就一支师德高尚、业务精湛、结构合理、充满活力的高素质专业化教师队伍”已成为南武人制定的全新目标。我们的队伍就应该是一支充满活力的队伍，这个活力不仅是教学工作有活力、身体精神有活力，更应该是思想有活力。一个有思想的老师，就是一个有智慧的老师，就是一个可爱的老师；一支有思想的教师队伍，就是一支没有什么问题不能解决的常胜队伍。

那问题来了，如何培育这样的队伍？为此，我认真做了调查研究，也去了其他学校参观学习，总结出一套适合南武教师成长的举措。

第一，立足于校内，立足于教育教学实践，在实践中反思，在反思中成长。因此，学校的教育教学活动要有研训意识，即教学就是研究，研究就是培训。用拓潜教育的行话来说，就是学校组织的每一项教育教学活动都要具有拓展师生潜能的作用，即发挥好其教育作用，而不仅仅是为了完成任务、为了留存迎检的档案资料。

第二，加强交流，尽可能多地外出学习。外面的世界很精彩，的确如此。你不出去，就会夜郎自大，就会保守，就会懈怠，就会消沉。只有眼界开阔了，看得多了，接受得多了，脑内储存的各种信息多了，才有思考，才会思想，才有活力，才会有行动的激情。外出学习当然要花一笔不小的钱，但只要是花在老师的身上，不是游山玩水，而是在帮助老师进步、帮助优秀的教师成长，再多也值得。不是常说培训是老师最大的福利吗？何况这些钱本身就是老师挣来的，再反哺给老师又何尝不行呢？关于外出学习，我一向认为不要搞平均主义，平衡和平均是不一样的。我们优先考虑骨干教师、优秀教师和学校管理力量的同时，也要大力扶持一批年轻有为、积极进取的教师。

第三，做课题。鼓励、支持、帮助老师做课题，是学校培养教师的有效手段。事实证明，很多名师都是靠做课题出名的。不做课题，很难成名成家。

第四，激发教师内驱力，促进教师自主发展。教师个人发展，归根到底靠自己。政府也好，学校也好，这些外在的工作只是创造环境和条件。值得一提的是，我们的教师认识到了这一点，自觉增强了专业发展的意识，感觉到了专业发展的紧迫感和危机感。当然，教师队伍的建设不能只停留在理论和理想层面，还需要在教学实践中加以磨炼和改进。怎样在教学实践中培养教师的智慧呢？我的经验是：集中一个主题——思维课堂，坚守一个阵地——课堂教学（微格课堂研究室），搭建一座桥梁——导学案教学，融合两个路向——研训结合，设立两个大课堂——南武研训大学堂、南武周末大学堂，坚持两个结合——学校与学术机构、个人研修与学校培养。

通过这样全面而具体的培养方针，加之近年来“外引内培”和加强学科组建设的努力，教师的专业水平不断提高，一批骨干教师脱颖而出。学校不仅打造出了一支素质优良的教师队伍，培养了教师们高度的事业心和责任感，还形成了“敬业、求实、奉献、开拓”的优良教风。

与此同时，一大批教师获得优秀教师（优秀教育工作者）称号。我被评为“广东省人民政府督学”“广州市名校长”，曲文国副校长、朱琼科长被授予“南粤优秀教师”称号，杨越琰书记被授予“广州市优秀教育工作者”称号，同时有20余名教师被市教育局授予“广州市优秀教师”称号。目前，南武有39名教师分别被吸纳到市、区不同学科中心组和学科学会中，成为学科或教育科研的带头人。其中，有10人担任副组长、副会长以上职务。南武优良的教师队伍已成为一座课程资源宝库。

文化引领，教师推进，一条具有南武中学特色的内涵式发展道路在中华大地的南端走出了别样的精彩。经过几代南武人的孜孜求索，历经文化滋养的南武中学规模日盛、成效日大、声誉日高。近年来，学校实现了从“广东省一级学校”到“广东省普通高中教学水平评估优秀学校”再到“国家级示范性普通高级中学”的飞跃，已成为镶嵌在珠江南岸的一颗璀璨明珠。这些成绩的取得，归根到底是靠“和合”团队的努力。

三、文雅南武人

(一)历史解读

南武中学被誉为“海珠文明的摇篮”，其实已有一百多年的历史。著名教育家黄炎培曾这样评价南武中学：“体育固驰名于南国，文化亦推重于中原”，从此留下了“北有南开，南有南武”的佳话。

擅长体育竞技的南武人常被误以为来自一所“武术学校”，其实恰恰相反，文雅才是南武人的重要气质。在我看来，南武人充满知性、讲究“和为贵”，“和乐”永远是南武人鲜明的特质。想要成为一名文雅的南武人，必须做到言行文明、性情雅正，具备现代素养、国际视野。在学校会议室的墙壁上，挂着四个字“止戈为武”。这四个字出自《左传》，意思是“武”字是由“止”和“戈”两字合成的，真正的“武”是永远“停止”使用“武力”，所以南武人并不是“武人”。推及对学生的教育，就是要做一个充满智慧的“文雅的南武人”。

在我看来，要想成为真正的“文雅的南武人”，必须了解南武的精神与文化、了解南武的教育追求，必须把个人的发展和学校的发展紧密联系起来。

一是我们要肩负南武人的责任和担当。“海阔凭鱼跃，天高任鸟飞”，世界很大，我们的舞台很宽广。要塑造高尚的人格、怀着执着的信念、夯实自己的能力，努力成为当代中国乃至当今世界的社会精英，承载青年人应有的担当。

二是我们要有南武人的胸怀和眼光。南武人就是要有健康的体魄和宽广的胸襟、有国际视野和大海情怀，能够做中流砥柱，浪遏飞舟。我希望学生用这样一份才气、用这样一份眼量、用这样一份气魄，来面对生活的挑战、实现人生的价值。

南武是一所志存高远、生而伟大的百年老校，而这种伟大源于其从创建之初就担负着振兴民族、启迪民智的使命和责任，怀揣着“携手同登世界之舞台，增我南武之璀玮”的百年“南武梦”。

(二)现代传承

1.“文雅的南武人”

过去以“止戈”“和为贵”为内涵的“文雅的南武人”，随着时代的变化，也有了新的含义。在我看来，新时代的“文雅的南武人”最基本的素养是：言行文明，性情雅正，现代素养，国际视野。为了培育一代又一代的文雅南武学子，学校提出了南武学子耳熟能详的“十字铭”：班集体要修炼“4个字”：“净、静、敬、竞”；其中，“净”即环境要干净整洁，“静”即营造安静的学习环境，“敬”即尊敬师长、敬爱同学，“竞”即友好竞争。个人要修炼“6个字”：“止、定、毅、安、虑、得”；其中，“止”即追求崇高境界，“定”即要有奋斗目标和前进方向，“毅”即镇静不躁、用心专一，“安”即安心沉稳，“虑”即良好的思维习惯，“得”即有所成就。“十字铭”实质上反映了“文雅南武学子”的培养过程。

为此，我们更好地修炼“十字铭”。南武采用“一月一字”的逐月推进修炼方式，开展了系列“十字铭”修炼主题教育活动。如“十字铭”修炼宣传牌，年度“十字铭”修炼之南华奖评选，学期“十字铭”修炼之优秀学生评选、学期“十字铭”修炼之班级文化建设评比，月度“十字铭”修炼国旗下讲话教育、每月“十字铭”修炼专题展板、“每月铭星”评选、每月“十字铭”修炼主题班会展示、每月“十字铭”修炼黑板报评比，周“十字铭”修炼之荣誉升旗手评选，每天的“五无常规管理”和“八大习惯培养”等。

附：2016年“十字铭”之星

净之星：余英浩

与同学友好相处，与老师亦师亦友，逢人做事彬彬有礼，面对挑战从容淡定。“文质彬彬，然后君子”是我的座右铭。外净而气正，内净而心明。气正心明，这就是我。

竞之星：马心宜

每一次的竞争其实不过是与以往的自己比赛，是一次超越自我、展现自我的机会。因而每一次我们都要用尽全力，只为成为更好的自己。

敬之星：陈家骏

敬就是尊敬自己、同学和师长。作为国旗班的班长，我做好表率，认真带领队员训练，上好每一节课，做好每一件事。

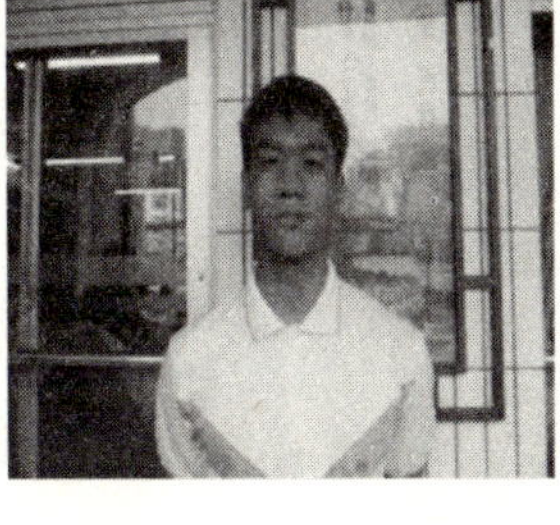

静之星：伍梓艺

古人云“非宁静无以致远”。在我看来，静下心来认清自己，默默立下目标，心怀“宁静”之心，随之不懈努力，方能成功。

安之星：许健豪

安心学习，安心做事，这是一种很好的习惯！浮躁的心若能安定下来，很多事情就可以想得清楚！所以我要认真做好，把“安”作为自己的行动指南！

定之星：周倩

“定”是一种意志，坚定的意志能让我走得更远！上一届广东省模拟联合国大赛中，我最大的感触就是一直没有放弃。以此自勉，我将不断追求更大的进步。

毅之星：郑麟垚

毅，果决，志向坚定而不动摇。“水滴石穿——非一日之功”，同样，“毅”也需要时间来证明。如果你能坚持做到“毅”，那么就没有任何困难能阻挡你了。

止之星：何绮盈

心有多大，舞台就有多大！我用音乐的形式，述说我们的故事；我用独特的音符，奏响我们的青春。音乐相伴，我们且行且歌！

附：2016 年元旦新年献词

做一个敢于挑战自己的“文雅南武人”

新年的钟声即将敲响，在这辞旧迎新的时刻，南武中学 CCAE 班自发组织的 2016 年元旦文艺晚会即将在群学堂盛大上演。在这个洋溢着青春与活力的现场，我们都十分兴奋与激动。我非常高兴能与大家一起分享新年的欢乐，能在欢歌笑语中与大家一起憧憬未来、祝福明天。

在此，请允许我代表南武中学、南武教育集团成员学校、海珠区第一学区，向南武集团成员学校、第一学区学校的老师们、同学们致以节日的问候和新年的祝福！

过去的一年里，我常常为南武学子取得的累累硕果而骄傲，常常为百年南武人展现的亮丽风采而自豪。此时此刻，我的脑海里涌现着很多南武学子的稚嫩笑脸，耳边回响着很多学生的俏皮话语，眼前浮现着很多学生成长的精彩瞬间……

作为一校之长，我深知，兴奋与激动的源泉应归因于南武教育的

“发现”。通过自管自育平台的搭建、文雅南武人“十字铭”的修炼、“剑吴杯”班级文化的建设、导学案教学的改革、特色课程体系的构建、学与教方式的改变、思维课堂教学的转型，特别是中美高中课程探究实验班(CCAE 实验班)的开设与“古风·蓝韵”特色化办学战略的实施，我们帮助不一样的学生形成了更好的思考习惯、思想品质、思维方式，呵护学生的性灵，发现和拓展师生的特长和潜能，引领他们对自身的学习工作、事业理想和人生价值有了更深刻的思考……南武的教育举措，更注重让教师在教的过程中，“发现”学生更多的可能，“发现”教学的更多精彩；更注重让学生在学的过程中，“发现”学习的意义和价值，“发现”自己的尊严和潜力，“发现”成长的方向和动力！

今天南武教育的“发现和改变”，源于南武人锲而不舍的教育追求和勇于创新的精神境界。在一百多年前，南武公学会描绘了“携手同登世界之舞台，增我南武之璀玮”的伟大梦想，南武先贤撑起了“坚忍、奉公、力学、爱国”的精神支柱，“南武”二字昭示了“绳厥祖武”的千年古训。南武人从一打上“南武”的烙印，就铮铮地扛起了“开启民智，移风易俗”飘扬的大旗。

南武用文化滋养有灵魂的教育。我们用传统文化的精髓“净、静、敬、竞”来建设班级文化环境，我们用《大学》开篇宗旨“止、定、毅、安、虑、得”来修炼学生性情。“做文雅南武人”系列主题教育活动营造了良好的育人氛围，积极引导同学们具备崇高的思想境界、坚定的努力方向、坚忍的意志品质、沉稳专注的学习态度、良好的思考习惯、追求真理的道德情操。

同学们，文雅南武人的修炼体现在生活中、体现在细节里，学习生活中的细微处往往渗透着一种美。比如说，你在起身时，把坐过的椅子放回原处；在与人交谈时，看着对方的眼睛；在一次校外学习活动结束时，谢谢所有的老师和家长……你所做的每一件事，你的每一个动作、每一个眼神，都是你的名片，它们都会照亮你的品行和修养。有人说所谓教养就是细节，你的每一个动作、每一个笑容，都是你的教养。细节可以成就一个人，也可以毁掉一个人。在中国传统文化中，君子讲究“慎独慎行”，我们要对凡事保持敬畏的态度，做最好的自己。做到这些，相信你们一定会更容易得到生活的馈赠。

同学们，人生的不同阶段都有不同的使命。在学生阶段，学习掌握知识，为我们以后的人生获得成就的能力奠定坚实的基础，这就是我们中学阶段的神圣使命；敢于吃苦，勇于面对困难，在挫折中成长，这就是我们现阶段的重要使命；在丰富的生活中，在各种诱惑面前，在多样的课程学习中，我们要学会用理智去选择，这就是我们青春期的艰难使命。我们必须学会学习，学会坚忍，学会选择。年轻人要敢于挑战、要善于挑战，这不仅仅是学习的需要，也是人生的一种修炼。

我认为，学生的学业水平和品格发展是相互促进、相得益彰的。一个学生如果不具备追求自我的卓越能力，如果不具备坚韧的毅力和专注力等良好品格，他的天赋不可能得到充分发挥；一个人如果不能与他人良好相处和互动，如果缺少诚实、谦虚、宽容、正直、担当等良好品质，即使他取得很大的成就，也不能算是真正的成功。

随着2016年脚步的临近，在南武学子全力备战期末联考之际，我衷心地希望全体南武学子不忘“十字铭”修炼，争做文雅南武人，静水深流，无惧挑战，自强自信，自励自省，通过勤奋努力，赢得他人的尊重，实现自己的梦想，创造自我的价值，为南武再创佳绩添新彩！

2.“南华奖”评选

“南华奖”设立的目的是奖励品学兼优、全面发展的学生。我们举行

“南华奖”评选活动，旨在树立榜样、弘扬正气，营造良好的育人氛围，激励莘莘学子敢于担当、追求进步，做文雅的南武人。

近年来，学校以“弘扬‘坚奉力爱’精神，争做文雅南武人”为主题，开展“南华奖”评选活动，通过班级推荐、年级初评、才艺展示、师生投票和学校评审等阶段的激烈角逐，评选出“南华奖”获得者。“南华奖”是学校南华教育奖励基金确立的学生最高荣誉奖项，是学校独具文化特色的品牌活动之一。学校依托“南华奖”评选活动践行自管自育的理念，培养了一大批言行文明、性情雅正，具备现代素养、国际视野的“文雅南武人”。

通过“南华奖”评选，充分发挥参评学生的榜样示范作用，以激励南武学子德智体各方面和谐发展。“南华奖”最初由获得省教育管理科学“吴汉良”奖的语文教师张华捐赠奖金而设，每学年评选一次，初中部和高中部各评选一名，奖金 500 元/人。

“南华”的含义有三：一是“南武与中华”简称，意即南武学子要以“中华民族伟大复兴”为远大志向，激励南武学子把个人生命与国家使命结合起来；二是南武中学地处全国闻名的南华西街旁，借这个名字设立奖项，能扩大奖项的社会影响；三是暗含此奖项由南武中学的张华老师倡导设立，也希望将来有更多人能投资延续奖项。

评选程序是：各班推荐一名符合条件的学生在年级参与初赛；各年级根据初赛结果推选一名代表参与学校决赛；全校学生和评审委员会根据比赛情况投票，确定“南华奖”获得者名单。主要表现形式有事迹宣传介绍、现场演讲，可以穿插才艺表演。

附：南武“南华奖” 多彩南武人

——记第十二届(2017 年)“南华奖”总决赛

● 活动介绍

2017 年 4 月 10 日早上，尽管天公不作美，但是第十二届“南华奖”总决赛的开幕给南武带来明媚的“阳光”，活力与欢乐是今天的关键词。12 位南武才子佳人齐聚创新广场，他们是战胜了众多优秀的竞争对手后脱颖而出的佼佼者，在全校师生的注视下，终于展开了对“南华奖”的最后角逐。

也许有人要问，选手们为了“南华奖”奋力拼搏，那么“南华奖”到底是什么呢?“南华奖”是南武中学为选拔品学兼优、全面发展、勇于担当的学生而设立的，每学年的第二学期举行评选。“南华奖”的设立旨在让学生们知道榜样就在身边，希望在弘扬正气的同时也能带动同学们进步。

在广场的中央铺着一条红地毯，那是比赛开始的地方。比赛分为走红毯过程中的视频介绍、有关三品四有以及八大习惯的演讲，还有最为精彩的表演环节三部分。每个选手都需要在 5 分钟里完成这三个环节。

此次比赛的评委有徐卫红书记、袁慧明副校长、骆峰主任、尹君级长、刘棉华级长、汪剑雯科长，以及两位学生代表。选手的得分将由现场评委打分、赛后学生投票以及微信网络投票三部分组成，最后的得分结果将在本周末进行综合统计。

● 比赛现场

在向舞台延伸的红地毯上，选手们在本班同学的护送下，自信地向我们走来。随着视频的播放，每个选手都在张扬着自己的个性、表现着自己独特的风采。同一条红地毯，让选手们走出了八种风格迥异的出场方式。

在演讲环节，各位选手都能紧紧围绕三品四有以及八大习惯各抒己见。他们介绍着自己的兴趣和习惯，讲述着自己的特长和志向。选手们充分运用了自己或者他人的事例，使演讲过程更具有感染力。高二(11)班的雷芷恩同学谈反思归纳的重要性，而且是用双语，充分展示了优秀的英语口语水平；高二(4)班的黄境聪同学有关错题归纳的介绍十分接地气，贴近中学生的现实需要。高一的同学也不甘示弱，“奋斗与目标”“勤奋与专注”等主题展示了他们对于自我的要求与人生的追求。

在才艺展示中，选手们摇身一变，又成了优秀的歌者、舞者和表演者。选手们表演的形式十分丰富，有独唱、合唱、朗诵，有街舞、古典舞，还有魔术、飞叠杯……高一(9)班的朱爱欣同学一袭古典长裙，一曲盛世汉唐仿佛将我们带回过去。高二(8)班的朱倩莹同学则表演了时尚动感的街舞，令整个赛场朝气蓬勃。高二(2)班的曾紫晴同学灵动的歌声与高一(1)班的范梓俊同学的“南武 Rap”都让人大饱耳福。高一(12)班的赵泓睿同学集默剧与朗诵于一体，让同学们领略诗歌中的家国情怀。选手们用他们的创意和努力，将南武学子所特有的“古风·蓝韵”及国际视野发挥得淋漓尽致。

才艺展示环节精彩不断，虽然有选手因为紧张而有小小失误，但更多的还是心态平稳，努力在舞台上展现最好的自己。我们的心情也随着选手们的表演起落，即便比赛结束，也久久不能平复。

● 赛后采访

表演结束后，我们南武小记者团采访了评委、选手以及观众，了解他们心中的“南华奖”。

其中，高二(1)班的卫俊杰同学是上一届“南华奖”的选手，也是本届“南华奖”的学生代表评委。他认为，作为高中生，不仅要努力取得优异的考试成绩，也要兼顾发展方向的多元化。既做过选手又担任了评委的他，对于能够参加这场比赛感到十分兴奋和激动，同时也感受到了选手们的活力与热情。

我们还采访了观众，高一(11)班的李颖同学作为助演接受了我们的采访。她说，她真切地感受到选手的努力，在他们身上学习到坚持不懈的精神，懂得要为目标而奋斗，并要积极提升自己，也期望下一届“南华奖”继续精彩不断。

这次比赛，选手们各有收获。高二(12)班的叶韵珩同学表示自己的胆量得到了锻炼，高二(11)班的雷芷恩同学则表示获得了尝试新事物的动力。高二(8)班的朱倩莹同学认为学生的任务不只是学习，而是要全面发展。高二(2)班的曾紫晴同学、高一(1)班的范梓俊同学、高一(12)班的赵泓睿同学等均表示对自己的现场表现比较满意。其中，赵泓睿表示，虽然准备过程中遇到过很多困难，但正是这些困难成为她进步的阶梯，让她得以实现自我提升。而作为学校资深主持人的曾紫晴则从容自信地说，自己根据现场实际情况进行了微调，以带给观众更好的体验。说到最想感谢的人，选手们不约而同地提到了本班的后援团队，范梓俊尤其感激这次活动，因为活动让他的班级更团结、更齐心了。

这次比赛不仅让老师和同学大饱眼福，更是参赛选手的大丰收。这是一场比赛，有胜出，自然就会有淘汰，但无论结果如何，认真努力过，就会有收获。选手收获了经验、收获了成长，也收获了同学们的欣赏和赞扬，更重要的是备赛期间，他们与助选团队的同学们的友谊更深厚了。

无论“南华奖”的比赛过程有多么欢乐，这始终是一场比赛。最后借用袁慧明副校长的话：“不管最后‘南华奖’花落谁家，能够站到那个舞台上的都是南武的赢家!”

正所谓“台上一分钟，台下十年功”，选手们短短 5 分钟的表演，凝聚着开学以来他们和他们的团队无数的精力与时间。同时也希望更多的同学们参与到投票当中来，对他们的努力与付出给予真正的支持。

撰稿：南武小记者团

指导老师：陈明倩

四、我观南武

我深知，是南武这片沃土的熏陶和培养成就了现在的我。我热爱南武，并为她深厚的文化底蕴所折服。其实，缘分有时候确实很神奇，我与南武相遇、相识、相知，她仿佛是我的第二个家，我了解她、尊重她、爱护她。

在办学者看来，南武的文化底蕴是一笔宝贵的财富。这笔财富不仅是我们自己的，也是海珠的、广州的，甚至是整个岭南文化的重要组成部分，同时也是中国教育传统里一抹醇厚而不容忽视的文化色彩。我们有义务也有责任将这种文化弘扬开来，延续繁荣百年校脉。

百余年的办学历史使南武中学积淀起了深厚的文化底蕴，改革开放的新时代又赋予它蓬勃的现代活力。进入 21 世纪以来，学校先后获得联合国教科文组织中国可持续发展教育项目示范学校、全国教育科学“十五”规划重点课题教育科研先进集体、广东省国家级示范性普通高级中学、广东省普通高中教学水平优秀学校、广东省绿色学校、广东省青少年科技活动先进学校、广州市文明单位、广州市教育系统先进单位、广州市安全文明校园、广州市依法治校示范校等荣誉。由于在创办特色教育方面成就突出，学校在 2013 年和 2014 年先后被评为广州市义务教育阶段首批特色学校、广州市普通高中特色学校，并在广州市普通高中招生中进入独立批次。

南武的文化底蕴是一笔宝贵的财富，不能仅仅有南武人知道、仅仅让南武人骄傲自豪，要让更多的人敬重、推崇南武的文化，更要让这笔财富成为一种文化力，来鼓舞人、凝聚人、吸引人。

文武兼备，德艺双修，这已经不仅是南武人教书育人的理想，更成为每一个中国教育人的共同愿望。南武中学深厚文化底蕴的弘扬与推崇、宝贵历史的传承和繁荣，不仅是每一个南武人的责任，更是整个中国文化界尊师重教的共同话题！

第六章

育人为本 兴拓潜教育

一、“古风·蓝韵”之缘由

(一)源自传统的“古风”

“古风”即古朴典雅之风，它指百年南武质朴淳古的习尚和深厚独特的文化底蕴。南武中学是海珠区最古老的一所学校，被誉为“海珠文明的摇篮”，也是广州市仅有的几所百年老校之一。

史料记载，清光绪末年，广州河南有三所非官办的学校，一为南武，一为育才，一为岭南。南武是广州最具历史韵味的老校之一，所在的区域历史悠久、人杰地灵，散布在各处的名胜有如沙滩上的贝壳，穿成一道绚丽多彩的海珠风景线。海珠有文物可考而比较确切的历史可追溯到东汉时期，区内遗迹旧址、名人故居和纪念建筑众多，有民族英雄邓世昌故居，孙中山先生两次设立的大元帅府旧址，廖仲恺纪念馆，卫国尧烈士故居，粤海第一关纪念馆；有岭南画派祖师居廉的居所“十香园”；有世界上深入大陆最远的七星岗古海岸遗址和沧海桑田的见证——黄埔古港遗址，体现明清建筑风格的琶洲塔、赤岗塔、云桂桥、利济桥、龙潭纶生白公祠、黄埔村北帝庙，著名的道教、佛教、基督教圣地纯阳观、海幢寺、河南堂；有爱国主义教育基地第一次全国劳动大会旧址，洲头咀抗英纪念雕塑园；有“海上丝绸之路”上的瑞典“哥德堡号”的始发地。在海珠沧桑的岁月里，多少文人在这里吟咏挥毫，多少英雄在这里拍遍栏杆。古老的传说、悠远的古迹，折射着海珠灿烂的文明与人文历史底蕴。

毫无疑问，南武的古，是海珠的古、是广州的古，是和凸显教育“启迪民智，拓展潜能”紧密联系在一起的。百年南武丰厚的文化积淀是特色课程植根的土壤，是支撑、引领特色课程的力量。

(二)源自世界的“蓝韵”

我热爱南武，不仅仅因为这里浓郁的“古风”，更因为在这里最能感受到“古今文化的结合”、体验到“中西文化的交融”。蓝色是西方文明的标识，蓝韵是中西合璧之韵，指百年南武承接着西风东渐的蓝色文明。南武先贤从创办南武开始，就为南武勾画了一个蓝色的梦想——沐浴欧风美雨，融合中西教育，培养既具有民族情怀又具有国际视野的杰出人才。

20世纪初，随着西学渐进，中国教育经历了一场深刻的变革。广州地区办新学之风日盛，办学方式亦多种多样，有官办的新学如广雅，也有教会办的新学如真光，更有民办的新学如南武。如上所述，南武的创办者和当时南武的教师，大多是具有开疆辟壤精神、学贯中西的文化名流、革命活动家，他们都有一个梦想：为民族复兴办教育。如南武中学的创办者黄节，接受过西方文明洗礼，眼界开阔。他对世界文明及中国民智闭塞、民生凋敝的情况有清醒的认识，认为要救国就一定要图强，要图强就一定要启迪民智；辛亥革命时期毕业于香港皇仁书院、完全接受西洋教育的著名报人谢英伯，担任南武首任校长，兼教英文；同样毕业于香港皇仁书院的何剑吴，六度出任南武校长，兼任香港九龙精武小学校长；有“黄花岗之父”之誉的潘达微和著名画家高剑父，在南武担任图画教员，“吸收各国古今绘画之特长，作为自己的营养，使成为自己之血肉，造成我国现代绘画之新生命”(康有为)，他们中西融合的“艺为救国”的实用主义美术教育思想就是在南武任教期间初步形成的。

百年前，南武先贤就高瞻远瞩地为我们描绘了南武教育的蓝图，构筑了南武人的百年教育梦想——中西合璧，办好教育，拓展潜能，培育具有全球胸怀的世界公民。正如《南武公学会校歌》所唱：“携手同登世界之舞台，增我南武之璀玮。”由此可见，“古风·蓝韵”特色课程中的“蓝韵”也如同“古风”一样，早已植根于学校文化土壤中。

二、拓潜教育之理论

（一）“拓潜”理念的提出

南武教育者对拓潜之路的探索，可以说从建校时已初现端倪。如前文所述，1906 年 3 月，何剑吴任校长之后，根据当时国穷民弱的现实，强调“德、智、体、群、美”五育并重，提倡爱国主义教育，并为宣传民主革命不遗余力。

经过几十年的发展，时间来到 20 世纪 90 年代。彼时，中国社会已进入了一个因科学技术高速发展和市场经济确立而产生深刻社会转型的新时代。新时代需要一代新人，需要新的教育——素质教育。时代在发展，社会在进步，教育呼唤改革。在大力倡导素质教育的今天，如何在具体的教育教学活动中真正体现素质教育的要求，是时代赋予我们南武人的亟待研究的重大课题。在审视学校历史传统的同时，南武人积极关注兄弟学校的发展态势。经过深入思考和反复论证，1993 年，学校开始提出“拓潜”的概念。1996 年，学校便开展了以“拓潜”为主题的初中整体改革实验研究，进而开始了“拓潜教育”模式的课题研究。1997 年，学校正式确定以“拓潜教育”为办学模式，确立了“育人为本，拓展潜能”的办学理念。

又经过了十余年的发展，“拓潜”已经在南武中学生根发芽。2011 年我任校长之后不久，借高中特色课程申报的东风，与我的团队进一步推动特色课程的发展。2012 年 9 月，南武中学开设了 CCAE 实验班。2013 年，在 CCAE 实验班的课程设置中尝试开设“图书馆语文”“蓝韵英语”“主题实验设计与应用”等 5 门特色课程。同时，在高二、高一面向普通班依次开设“走进百年南武”“中美文化比较”“手之韵魔方”“手之韵叠杯”等选修课程。除此之外，我们还利用周末等课余时间和中外交流机会组织专修班的学生开展跨文化综合实践活动。从 2013 年 9 月开始，我们组织编写了一套由广东教育出版社出版的《“古风·蓝韵”特色课程校本教程》。教程体现“古风·蓝韵”特色、“拓潜教育”思想、“坚奉力爱”精神，融合中美中学课程的先进理念和价值追求，结合中美优秀的教学方法和策略来选取教学内容、设计教学方案、运用教学策略。之后，为找到与“古风·蓝韵”拓潜特色课程相适应的课堂，我们开始探索“TSO 思维课堂”，以促进学校课堂教学转型。2013—2014 学年上学期，南武成功地申请到了广州市普通高中特色课程——“‘古风·蓝韵’拓潜教育特色课程”。2014 年，南武中学被评为广州市普通高中特色学校，并进入广州市普通高中招生独立批次。

纵观南武“古风·蓝韵”特色课程的发展之路，不难看出，南武特有的文化基因注定了南武的教育伟业是要走中西合璧之路的。自南武建校之初，拓潜的概念就已经诞生，一代代南武人为之不懈努力，而我，充其量也只是借政策的东风，将“古风·蓝韵”拓潜课程推向了一个较为成熟的高度。我想，这应该是我职业生涯中莫大的荣幸！

(二)拓潜教育的内涵

南武中学不仅有悠久的历史文脉，而且有清晰的、深厚的教育科研源泉。南武之所以能够延续百年辉煌，是因为有这么一种教育科研的基因存在。南武后辈从这些教育改革实验中，听到了南武前辈探索的足音，想象出了南武前辈敢为人先的勇气，学习了南武前辈那种严谨、创新的治学态度，传承了南武前辈“坚忍、奉公、力学、爱国”的精神。一句话，教育教学研究文化是南武中学优秀传统文化的重要组成部分。

究竟如何界定拓潜教育？我们始终坚信办学理念是一种文化氛围，是一种向上的精神取向，也是一种理性目标的导航。“育人为本”是学校的根本任务，就是说学校教育要以学生全面发展为本，要以学生素质的全面提高为本。“育人为本”是“拓展潜能”的目的和目标，“拓展潜能”是“育人为本”的手段和落实。“育人为本”就是努力把每一个学生培养成全面发展的人，而人的全面发展建立在个性发展的基础上。要改变过去“一刀切”“一个模式”的培养方法，使学生的个性得到充分发展，就要开展“拓展潜能”的教育与研究。“拓展潜能”就是挖掘和发展学生的潜能，它包括知、情、意、行等方面。因为人的兴趣爱好和特长有差异，学校教育应因材施教、因人制宜、鼓励冒尖，让每个学生的特长都得到发展。

拓潜教育的一个重要且显著的特征是全员参与性，它指的不仅是学生的参与，还包括教师的参与，以形成“人人自我拓潜，人人迈向成功”的良性竞争氛围。学生的参与主要表现在拓潜教育面向全体学生，是普遍行为而不是个别行为。教师和学生都是自我拓潜的主体。学生是教育的主体，这是实施拓潜教育的核心理念。只有让学生真正成为教育的主体，才能发挥出其创造性。拓潜教育充满着挑战，它的每一个环节、每一项内容、每一个步骤都极具创造性。

拓潜教育是推动学校新时期科学发展的有力武器。我们要重拾拓潜教育的研究内容，重构拓潜教育的研究思路，重建拓潜教育的研究视角，推动课堂教学转型，推进导学案教学，强调学生自主学习能力和思维品质的培养，建立科学的教学质量监控和评价体系。这是深化拓潜教育研究、促进学校教育教学改革跟上时代步伐必不可少的内容和紧迫的使命。

构建拓潜教育理论体系时，我们将拓潜教育的理论框架定为：一个目的、两个支柱、三个阶段和四个要素。

一个目的：促进学生更好地发展。这是实施拓潜教育的根本出发点，是现代教育神圣使命具体到学校的培养目的。凡是有利于这一目的的方法、手段、措施，我们就毫不动摇地坚持，否则就摒弃。“促进学生更好地发展”是实施拓潜教育的目的，也是检验拓潜教育是否有成效的试金石，是全体教师应牢固树立的质量观。

两个支柱：坚信每位学生都有潜能，坚信每种潜能都可拓展。“两个支柱”是我们在实施拓潜教育的过程中乘风破浪、不断进取的精神动力和信心保证。有了“两个支柱”，我们就能排除困难、不畏艰险，就能消除困惑、辨清方向；我们的拓潜教育大厦就会昂然挺立、永不倒塌。

坚信每位学生都有潜能——拓潜教育的学生观。每位学生的背后都是人类五十万年的发展历程，悠久历史中不断进步的积淀使每位学生都蕴藏了巨大的潜能。教师应充分认识到这一点，要尊重学生，更要相信学生。不是学生没有潜能，而是缺少发现它的眼睛。事实证明，有没有树立正确的学生观，是教育能否顺利发展的关键。

坚信每种潜能都可拓展——拓潜教育的行为观。潜能最大的特征就是隐蔽性，这就像深藏于地下的矿石，不去开采，它就很难展现在世人面前。潜能不会自发地得到发展，它总是在某种诱因下才能外显出来。作为教师，面对学生的潜能，我们所有的行为方式就是拓展。我们要努力创设有利条件，提供尝试机会，营造良好氛围，寻求最佳方法，以拓展学生的潜能。当然，这些可能是我们的一次交流、一个环节、一声鼓励、一番好话、一本好书、一纸评语、一个眼神、一丝微笑、一段谈心、一节好课、一项引导、一种关爱、一句批评、一点安慰……拓展方式本身就有一个巨大的拓展空间。

三个阶段：发现潜能，拓展潜能，超越自我。“发现潜能”是实施拓潜教育的第一步。教师要掌握学生的身心发展规律，了解学生的年龄特点；要深入学生的生活当中，勤于调查，乐于观察，善于思考，敏于分析，掌握第一手材料，了解每位学生的个性品质。这是拓潜教育的基础阶段。

“拓展潜能”要求教师具有开拓创新的精神，在教育教学工作中孜孜以求、努力探索，寻找不同的拓潜方法和途径。这是一项相当具有挑战性和创造性的工作，因而是拓潜教育最关键的阶段。

“超越自我”就是不断发展自我，就是不断进步。人就是在一次又一次的超越中走向辉煌和成功的。对于学生来说，每一次的自我超越就是一次进步，在不断进步当中最终获得更好的发展。教师要激励和辅助学生在拓潜的基础上奋斗不止。这是拓潜教育初见成效的阶段。

通观拓潜教育的三个阶段，可以发现“拓展潜能”是中心、是关键、是从“发现潜能”到“超越自我”的桥梁和纽带。而“发现潜能”是“拓展潜能”的基础和前提，“超越自我”是“拓展潜能”的最近目标。三个阶段相对独立又紧密相连，前提（发现潜能）、过程（拓展潜能）和目标（超越自我）三者辩证统一，其最终结果就是促进学生更好地发展。

四个要素：关爱、尊重、激励、创造。“关爱”是学生的心理需求，也是对教师提出的根本要求。“关爱”能产生美，能造就出色的教育。拓潜教育下的“关爱”是多向和宽泛的。作为教师，要关爱学生，也要关爱自己；要关爱同事，也要关爱学校；要关爱所教学科，也要关爱整个教育事业。作为学生，要关爱老师，也要关爱自己；要关爱同学，也要关爱集体；要关爱学校，也要关爱民族和国家。教育，从关爱开始。

“尊重”是人生存于世的一种需要。拓潜教育要求师生互相尊重。作为教师，尤其要尊重学生，尊重学生生命个体的存在、尊重学生的主体性、尊重学生的个性。缺乏尊重，拓潜教育就难以真正实施。

“激励”是期望理论的具体运用，是学生成长的动力内驱。拓潜教育的激励要求教师不轻言失败，要关注和肯定学生的潜能开发以及由此而带来的进步与发展。“激励”本身就是一种精神潜能，学生一定要学会自我激励，在失败中找到成功，在不足处发现亮点，在潜能的开发当中做到“拓潜以自信，拓潜以自立，拓潜以自强”。

“创造”是时代发展的要求。拓潜教育是开发人的创造力的一种优势明显的教育思想和教育策略。每个人都具备创造力，这源于每个人都具有巨大的潜能。拓潜教育下的师生都是创造主体，教师要注重在拓潜的基础上培养和发展学生的创造力。

拓潜教育是挖掘人的创新潜能、弘扬人的主体精神、促进人的个性和谐发展的教育，学校把创设适宜学生素质健康发展的教学环境作为实施拓潜教育的重头戏，对传统的教学目标、教学内容、教学过程、教学方法、教学手段进行改革，探索构建了“五个突出”的教学模式。

1. 突出制订教学目标的综合性

从素质教育的整体性出发，树立全面育人的教学观。明确提出课堂教学的基本目标应由单一目标变为三大目标：一是认知领域目标，涉及知识、能力、思维的发展等方面；二是情感领域目标，涉及兴趣、态度、价值观等方面；三是技能领域目标，涉及运动技能、实践技能、学习技能等方面。教师在制订教学目标时，既要考虑它的全面性，充分利用教材中的内容，也要有针对性，针对学生的学习实际，不可过高过泛；既要考虑目标实施的层递性，即阶段目标的达成与总目标的实现的关系，也要承认学生接受的差异性，在最大范围内实施分层教学。主要通过四个步骤落实：一是研究制订教学计划，明确总体教学目标；二是加强集体备课，明确单元教学目标；三是编写教案，明确课节教学目标；四是改进课堂教学，完成教学目标。

2. 突出整合教学内容的系统性

多年来，学校以考试为中心，考什么就教什么。这严重破坏了教学内容的完整性和系统性，更未能顾及学生全面发展的需要。素质教育的实施要求学校在学期之间做好衔接工作，克服学科本位主义，满足学生自主学习、发掘潜能和全面发展的需要。为此，学校十分重视研究课标对教学内容的要求，重视教材前后内容的内在联系，突出教学内容的系统性，努力提高教师驾驭教材的能力。此外，学校还十分重视备课的要素——备学生，不仅考虑学生的认知能力、接受水平，还看学生需要什么、关注什么。这样整合后的教材内容，才会使学生智能、情感水平得到更大的提高，才会为学生的可持续发展奠定坚实的基础。

3. 突出推进教学过程的主体性

现代教学理论认为，教学过程是教师活动和学生活动的一个复杂的动态性过程。在一定的情境即社会文化情境下，老师或同学之间给予帮助，利用必要的学习资料，通过建构意义方式，学生才能真正获得知识、拓展自我潜能，这已是学校教师达成的共识。学校构建的教学模式——教师为主导、学生为主体、训练为主线，其核心是创造学生主动参与的条件，充分开拓学生的潜能。教师的主导作用主要表现在引导、指导、教导等方面。“引导”是教师要按课标对教材的要求把准方向，最大限度地调动学生的积极性、主动性与创造性，落实学生的主体地位，使学生从认识、情感到行为的各方面都积极地投入到学习过程中；“指导”是教师对教材中的重点、难点及学生在学习中的障碍进行有效的导引，要欢迎学生提问，鼓励学生问倒教师，使教学成为教师问、学生问的双向交流与多向交流形式；“教导”是教书育人，教师对教材中有关德育、美育等要素和学生思想品德等方面的问题，要结合教学过程进行渗透。

学生的主体性体现在主体意识的唤醒，明确自己是学习的主体，能主动地获取知识，而不是被动地成为知识的接收器。学生除积极参与预习、提问、听讲、讨论、质疑、作业、总结、评价等教学环节外，还采用多种学习方式，比如小组学习、合作学习、尝试性学习或研究性学习等。总之，师生的互动交流使个体从狭隘走向广阔，它能开阔视野，更好地促进学生的主动性、创造性和民主平等精神的发展。

4. 突出选择教学方法的多样性

传统教学过于强调统一，以单一的标准、内容、方法去对待众多的学生，使他们成为统一模式的标准件。这种教学方法的单一性，主要表现为忽视学生能力、经验、知识、性格的差异，基本上只用“一言堂”“满堂灌”的讲授方法，即使采用“启发式”，目的也是启发学生得出一种标准答案。

学校大力提倡“百花齐放”，要求根据教材特点和学生不同的实际情况，选择恰当的教学方法。在研究教学方法的过程中，把研究重点放在学生的学法指导上。为了让学生“活”起来，我们强调突出学生的主体地位、强化学生的参与意识，让全体学生积极主动地参与教学的全过程。为此，教师们想方设法激发学生的兴趣、吸引学生的注意力。在不同学科教学中，我们坚持一法为主、多法结合的原则，分别尝试了“自主成功学习法”“生本教学法”“情境教学法”“尝试教学法”“课题切入法”“操作学习法”“实验观察法”等灵活多样的教学方法，创设出愉快和谐的教学氛围，提高了教学效果。

5. 突出应用教学手段的先进性

计算机辅助教学是近年来教学改革的热点之一，以计算机为载体的多媒体技术可以实现学习的多元化、主体化和社会化。掌握了现代教育技术的运用，就抓住了教学改革的主动权、占领了教育的制高点。在发展现代教育技术的问题上，学校始终给予高度重视，确立了“建队、建制、建库、建网”的发展战略，做到“两个到位”：一是认识到位，把实现教育现代化作为学校的大事来做；二是落实到位，在资金的预算中优先安排，并争取到上级部门的支持。学校建成了有4000个信息点的校园网，全校38个班以及实验室、专用室等都配备了实物投影仪、电脑等电教平台。中心机房、电子阅览室、计算机课室、制作室等硬件建设都达到较高水平。使用多媒体进行教学正成为教师的一种内在需要，教师们的积极性成为学校开展这项工作的推动力。有的教师不但积极参加校内培训，还利用休息日自费到社会上学习，形成了广泛使用多媒体进行课堂教学改革的氛围。同时，我也清醒地认识到，再先进的技术也是一种教学的辅助手段，在使用过程中必须避免形式化的倾向和对教学过程产生干扰的负面效应。只有综合各种媒体的优点，实现最佳的组合，才能收到最佳的教学效果。目前，学校已出现了一批使用多媒体技术的高质量课，并在市、区同行中展示了成果，均得到肯定，取得较好效果。

三、拓潜教育之实践

在实施拓潜教育的实践中，我十分注重挖掘学校深厚的文化底蕴，以“八字”校训为主题挖掘学生的潜能，注重将优良传统与现代教育理念相结合，形成了能示范、有影响、独具南武魅力的办学特色与系列课程。

（一）“爱国”主题——拓展学生的情感潜能

“爱国”是对学生情感态度和价值观的要求。我通过入学教育、主题教育等活动载体倡导学生发扬杰出校友杨匏安、谭天度和温健公的爱国主义精神，要时刻关注天下形势、关心国家前途和民族命运，自觉地把自己的生命和前途与国家的发展联系起来，用实际行动为国家和社会做出应有的贡献。在德育工作中注意弘扬学校优良传统，每年新生入学，都组织参观校史室、学习校史和讲校训，通过报告会、演讲会、主题班会和参观爱国主义教育基地等形式，激发学生爱校和爱国情感。我还请老校友介绍办学经历和学校的优良传统，让学生参加校庆日接待活动，感受南武前辈尊师爱校、积极进取的光荣传统。

(二)“奉公”主题——拓展学生的行为潜能

“奉公”是对学生道德行为习惯的要求。我要求学生以杰出校友潘达微为榜样，发扬“天下为公”的传统道德，具有克己奉公的精神，养成良好的道德行为习惯。要富有爱心，不但要关爱自身的道德行为修养，更要关爱集体和他人。为使学生养成良好的道德行为习惯，我坚持开展文明礼仪教育和中学生日常行为规范养成教育，制定了《广州市南武中学学子规》，在班级管理工作中让学生当主人，在学校德育常规管理中让学生成主力，在社会实践活动中让学生唱主角。教师在教育工作中，关爱每一个学生，播下一颗颗爱心，让学生在爱的氛围中健康成长。为培养学生充满爱心，我倡导开展感恩教育系列活动，通过感恩教育报告会、感恩教育主题班会、感恩教育主题演讲和征文及“美德之星”评选等活动让学生明白，一个人如果缺乏感恩之心，生命将失去生机，甚至蔓生“恶草”。我把爱心教育的活动渗透到德育管理中的每一个环节，让学生在活动中潜移默化地受到爱的陶冶，使学生关爱他人的情感不断得到升华。

(三)“坚忍”主题——拓展学生的身心潜能

“坚忍”是对学生身心品质的要求。我要求学生发扬历代南武人所形成的“坚毅、忍耐”的优良品质，具有坚强的体魄、坚定的信念和坚毅的意志。对学习中的困难要忍耐、有耐心，对生活中的挫折要忍受、有信心，对同学、家人要忍让、有爱心，对集体、国家要忍辱负重，有责任心。注重学生强身健体一直是学校的优良传统。南武先哲为洗刷“东亚病夫”的耻辱，唤起学生之觉醒，把体育列为主要课程，为国家培养出不少优秀运动员，取得了令世人瞩目的成绩。同时，在教育教学实践中，我也非常重视心理健康教育，组织教师参加心理辅导 B 证培训班，每学年都通过青春健康教育课、心理健康教育月(周)、学科活动课、班团队活动等形式对学生进行心理咨询与辅导，还特别有针对性地对毕业班开展团体心理辅导等。通过这些活动，让学生更好地认识自我，增强自我调控、承受挫折和适应环境的能力。

(四)“力学”主题——拓展学生的智力潜能

“力学”是对学生学习内容和态度的要求。我要求学生既要发扬南武老前辈“自强不息”“勤奋好学”的传统学习品质，又要具有现代人充满活力、不断探索、勇于创新的求知精神。“全面发展，彰显个性”的教学理念体现了南武人对当代高中新课改价值理念的追求。教师在课堂教学中重视“双基”(即基础知识和基本技能)、挖掘潜能、发展思维，培养学生的创新精神和创新能力。南武中学创建广东省国家级示范性普通高级中学伊始，正好赶上高中新课改开始实施，因此学校确立了“开好必修课程、开足选修课程、开发校本课程”的课程管理思想，把开设多门课程作为学校实践“育人为本，拓展潜能”的办学理念和培养全面发展人才的有效载体。通过“探索分层教学，实行学分制管理”“重视激励、鼓励进步的学生评价模式研究”“班级管理中应用档案袋评价法的实践研究”“历史学科学生学业评价的行动研究”等学科课题研究，开发学生的学科知识潜能。学校开足通用技术课程和综合实践活动课程，大大拓宽了学生的知识面，极大地满足了学生的求知欲，培养了学生的动手操作能力、适应社会能力、解决问题能力和实践创新能力。学校充分利用和挖掘校内外课程资源，突出校本课程的特色性，拓展活动课程的多样性，为学生的全面发展和个性彰显搭建起多元化的课程平台。

在南武中学坚持以“爱国”为主题拓展学生的情感潜能、以“奉公”为主题拓展学生的行为潜能、以“坚忍”为主题拓展学生的身心潜能、以“力学”为主题拓展学生的智力潜能的拓潜教育中，学生的潜能得到充分挖掘、自主发展得到充分保护。几年来，南武学生在各类竞赛中先后有474人次获区级奖、560人次获市级奖、73人次获省级奖、109人次获国家奖。

当然，拓潜教育成功的背后，更多的是南武人坚持不懈的探索和努力。以核心研究课题“拓潜教育体系的建构研究”为代表，南武中学历时十多年的拓潜教育研究体现了其科研兴校的优良传统和治校思路。而作为贯穿南武近十几年教育科研的总课题，从开始的理论诠释、框架建构，到随后的模式研究、教学评价，再具体到课堂研究，拓潜教育的课堂教学模式直到今日还一直在探索中不断发展着、完善着。

四、拓潜教育之实施

近年来，南武中学大胆地对课堂和课程进行改革，开设了九大类共36门校本课程，如以“古风·蓝韵”为主体的系列校本课程，为每位学生的全面发展、特长发展提供多元、多样、有特色的课程。“古风·蓝韵”拓潜教育特色课程营造中西合璧的教育森林，致力于中西文化交流，植拓潜教育之木，开拓、发展每个学生的潜能，培养“合规范、有特长、敢担当、能发展”的具有国际视野和创新能力、文雅敦厚的南武学子。

学校还致力于改变教学方式和课堂形态，实现从“以教师教学为主”向“以学生学习为主”的转变，由“知识型课堂”向“思维型课堂”转型，把培养学生良好学习习惯和思维品质作为衡量有效课堂的标准，使学校课程真正体现“育人为本，拓展潜能”的办学理念。我们免费为理科兴趣学生、特长生、资优生进行提高培训；组建艺术学科培养班，免费为艺术特长生、爱好者提供训练辅导；重视自习课，理科每周有一节“探究性”自习课，培养学生自学探究能力；重视初高中转轨期教育，通过新生入学教育、班会、周末大学堂，开设校史教育、学法指导、心理调适、跨文化实践等文化体验课程。

(一)以实施特色课程教学促学校课程体系完善

2012年9月，为了创办有特色、国际化和高品质的教育，培养具有国际视野、能够到中美两国优秀高等学校继续深造的学生，学校开设了中美高中教育完美融合实验班(Combination of Chinese-American Education，CCAE)。2013年4月，在CCAE实验班的课程设置中尝试开设“图书馆语文”(图书馆自选阅读课＋课外专题阅读＋专题阅读分享活动，每周2课时)、“蓝韵英语”(中美文学作品选读＋中美文化文本比较阅读，每周9课时)、“创意技术设计与运用”(将通用技术、信息技术和美国高中工程应用课等有关内容整合起来，每周1课时)、“数学探究学习课”(主要是数学探究、数学建模等内容，每周1课时)、“主题实验设计与应用”等整合了中美高中课程先进理念和价值追求的国际化学科整合课程。这些课程属于“古风·蓝韵”拓潜核心课程，是CCAE实验班独有的特色课程，也是“古风·蓝韵”拓潜教育特色课程体系的支撑课程。

另外，2013年4月和9月，分别在高二与高一年级面向普通班依次开设“走进百年南武”“世界公民”“中美文化比较”“手之韵魔方”“手之韵叠杯”“手之韵花式跳绳”等选修课程，主要通过新生入学教育、班会、社团活动时间修习。我们把这些称为“古风·蓝韵”拓潜教育特色课程拓潜人文课程。另外，利用周末等课余时间和中外交流机会组织专修班学生的跨文化综合实践活动课程：①与美国 Highland High School 结成姐妹学校，双方定期互派师生短期交流学习，依赖信息技术进行远程互动学习。②和华南师范大学合作，成为华南师范大学中美中小学校长教育领导力培训项目基地，每年定期和美国中小学教师开展“同课异构”教学研究活动，让学生感受美国高中课堂。③开设周末大学堂，组织学生探寻南粤文化古迹、参观大型企业，增强民族文化自信心；邀请知名学者和学生面对面，扩大学生知识面，启迪学生思维，增强学生学习自信心。周末大学堂每月安排两次，普通班、专修班学生都可以自愿参加。

(二)以开发特色课程教程充实学校课程资源

为了保证“古风·蓝韵”拓潜教育特色课程建设落到实处、丰富学校课程资源、促进学校特色发展，从 2013 年 9 月开始，学校组织编写“古风·蓝韵”特色课程校本教程，并由广东教育出版社出版。

2013 年 9 月中旬，召开课程建设研讨会，成立了以我为首的特色课程校本教程编写委员会。会议决定由主编牵头，集体攻关。各编写小组分别邀请特色课程校本教程方面的专家进行指导、召开特色课程校本教程编写研讨会，确定了编写的大体思路和相关注意事项。9 月底，由教导处科研室负责设计出课程纲要模板，经特色课程校本教程编写委员会研究后，下发给各编写小组。

10 月，各编写小组根据课程纲要模板撰写特色课程校本教程编写的初步框架。

11—12 月，各编写小组在课程纲要的基础上编写特色课程校本教程。经所有编写人员的共同努力，于 2014 年 1 月初完成了初稿。

2014 年 1 月中旬，教导处牵头联系图书出版单位，集中学校所有的编写人员召开会议，敲定了出版特色课程校本教程的具体事宜。

(三)以"TSO 思维课堂"改革促学校课堂教学转型

"思维课堂"教学模式的主旨是引导教师转变观念，从培养学生综合素质的高度出发，实施更合理、更科学的课堂教学模式，真正使学生动起来、思维活起来、教与学的效果好起来，促进学生改变学习方法、提升思维品质、发展综合素质，为成长为具有创新能力的新型人才奠定基础。主要包括"思维课堂"教学模式的内涵、基本环节、基本要求、基本原则、应该注意的问题、围绕思维核心切实推进课堂改革、导学案示例 7 个部分。

"古风·蓝韵"拓潜特色课程必须有与之相适应的课堂，经过多年实践探索，发现最能体现中美课堂共同的价值追求的课堂是"思维课堂"。我们把"古风·蓝韵"课堂称为"TSO 思维课堂"。

"TSO"是教师(Teacher)、学生(Student)、目标(Orientation)三个英文词的缩写，寓意"以教师为主导，以学生为中心，以提高学生的思维能力为核心目标"；"TSO"也是传统(Tradition)、社会(Society)、海洋(Ocean)三个英文词的缩写，寓意"TSO 思维课堂"继承南武的百年"古风"，开发运用社会资源，吸收西方优秀理念，体现"古风·蓝韵"之特色。"TSO 思维课堂"的核心价值就是通过科学、合理地选择教学内容，构建学科知识体系、形成学科思想、培养思维能力，体现了中国学校课程国际化的趋势，是当今课堂教学发展的方向。其基本理念是习惯养成、思维训练，教"知识背后的东西"、育"时代需要的能力"；其特征是真实的问题探究、个性化的小班教学、共赢的合作学习、充分的表达交流。

2013年9月，在高一、高二各两个CCAE实验班和初一两个“剑吴班”进行了“思维课堂”教学模式改革实验。教师们在转变课堂教学模式方面做出了有益的尝试，取得了比较理想的效果，不仅比较好地掌握了“思维课堂”的范式、基本具备了“思维课堂”的形，也初步具有了“思维课堂”的神。

2013年12月，在上述6个班级继续深化“思维课堂”教学模式改革，锻造“思维课堂”的各个环节，基本实现了“思维课堂”的常态化。6个班级的任课老师特别是班主任倾心投入、身体力行，紧紧围绕“思维课堂”的核心、抓住“思维课堂”的重点、找准“思维课堂”的关键、努力创造“思维课堂”的保障，在“思维课堂”教学模式改革的道路上迈出了更为坚实的一步。

2014年2月，在上学期高一、高二CCAE实验班和初一“剑吴班”的“思维课堂”教学模式改革实验的基础上，进一步深化“思维课堂”教学模式改革，从高一、高二两个年级中各挑选了两个普通班参加实验，将试点班级的规模扩大到10个。2月26日至3月21日，学校在新参与实验的4个班级中开展“思维课堂”教学模式听课研讨活动，新参与实验的22位教师在此期间每人上一次研讨课；3月24日至4月30日，在所有10个参与实验的班级中开展“思维课堂”教学模式过关听课活动，参与实验的42位教师在此期间每人上一次过关展示课；5月1日至5月30日，开展“思维课堂”教学模式优质课比赛，评选出一、二、三等奖。通过这些活动，力求不断完善、打造符合南武实情、具有南武特色的“思维课堂”教学模式。

第七章

关注素养
扬思维大旗

一、思维课堂的提出

沈祖芸老师这样看待学校的课堂教学：随着学校内涵发展的不断深化，课堂教学将再次成为每一所学校的核心竞争力。今天，任何一所不进入课堂教学变革的学校都无法真正逼近教育改革的核心地带，也不可能走向真正的优质；另外，学校组织形态的变化必然“惊动”课堂，而课堂变革向纵深发展也必然“撼动”学校结构。未来的学校走向何方？她认为将从课堂转型开始。

的确如此，我们对课堂的思考、探索一直没停止过。从批判传统的知识型课堂，到推广合作、探究、自主学习型课堂；从研究课堂教学模式，到反思建构有效课堂。我们认为有效的课堂教学能促进学生的进步和发展，但何为进步？何为发展？有效课堂是否真的促进了学生的进步和发展？

真正的课堂教学应该做到传授知识、形成习惯、培养思维三者兼顾。美国著名的教育心理学家罗伯特·斯滕伯格在为中文版《思维教学——培养聪明的学习者》这本书作序时说：“知识对于任何一种思维来说都是必不可少的。没有知识，一个人无法思维；反之，没有思维，知识又是空洞的，是没有活力的。”课堂教学一定要做到传授知识和培养思维兼顾。我们有的学生拿到试卷后会有一个坏习惯，第一反应往往是直奔答案，而不是先思考、质疑、分析、联想、假设，然后寻找答案。这个坏习惯说明，应试也应该从培养良好的思维习惯和品质做起。所以，我始终认为有效课堂教学所谓的“促进学生发展”是空的、是假的。有效课堂教学是一个“假命题”，培养学生良好的学习习惯和思维品质才是课堂教学的要义，才是教学之于学生的人生最有意义的方面所在。

我曾与美国学校的教师探讨过关于有效课堂教学的问题，他们认为，衡量一个课堂教学是否有效，关键看课堂教学过程中师生是否建立起了良好的关系。我当时觉得很奇怪，无法理解。但后来想想，他们所说的绝不是我们所理解的那种表面上民主、平等的师生关系，而应该是在问题解决的情境过程中建立起来的良好的师生关系，是一种深度对话的教学关系。是问题使师生有了共同的感受，驱动师生走向对知识的深度理解。这样的师生关系并不是靠每一节课、每一个教学内容就能形成的，关键是看教师对教学内容的选用和他的教学艺术。

2013 年，在美国教师给我校高二学生上的一节课上，学生哭了，老师也哭了。学生哭是因为充分体验到了老师是在为自己设置问题，在这些问题的启发下，自身的思维能力有了明显的提高；老师哭是因为他所设置的教学问题引起了异国学生的共鸣，被异国学生能理解得这么好感动得掉眼泪。美国教师表示：我们不指望一堂课能传授给学生很多知识，但我们希望在师生的互动过程中给学生以人生的启发。这个启发，我的理解就是思维的训练，所以美国的课堂教学特别重视思维能力的培养，尤其是批判性思维能力的培养。因此，我们强调课堂教学应该由知识型向思维型转轨，即由知识课堂向思维课堂转变。当代世界教育发展明显体现出全民化、终身化、民主化和信息化的趋势，其中教育民主化指的是个体享有越来越多的平等的教育机会，并受到越来越充分的以自主和合作为特征的教育。教育制度不断转向公正、开放和多样化。

基于以上考虑，到任南武校长不久，我从培养学生思维能力、提高学生综合素质的高度出发，大力推动以“TSO 思维课堂”为核心的教学模式变革。2011 年 9 月 20 日召开的教学质量分析大会上，我和我的团队提出“努力实现课堂教学由教师的教向学生的学转变，由知识型课堂向思维型课堂的转变是当前摆在我们面前的紧迫任务”（简称“两个转变”）。之后一年的时间，我们通过南武大学堂（4 期）、南武学术论坛（2 期）请专家“走进学校”开办讲座，为思维课堂教学研究打开视域。2012 年 11 月，申报的广东省教育科研“十二五”规划课题“拓潜教育课堂教学中学生学科思维培养的研究"(简称思维课堂教学研究)正式立项，标志着思维课堂教学研究进入省级规划课题研究行列。

二、南武特色思维课堂

什么是"思维"?《现代汉语词典(第7版)》这样解释："在表象、概念的基础上进行分析、综合、判断、推理等认识活动的过程。思维是人类特有的一种精神活动，是从社会实践中产生的。"国外学者认为：思考是一个由态度、知识、技巧组成的复杂行为，使得个人在感知他或她的周围环境时比仅靠直觉更有效。显然，无论在国内还是国外，"思考"都是一种活动"力"，是一种学力、一种能力。思考力是指个体为完成某种活动或任务，对各种要素进行分析、判断、重组、整合的各种思维能力基本单元的总和，是后天学习引发的一种素质。思考力水平是衡量思维能力大小的重要标尺。

苏霍姆林斯基在《给教师的建议》一书中说："学生的脑力劳动是教师的脑力劳动的一面镜子。"也就是说，如果想把学生培养成思考力高的人，教师自己必须具备高思考力；如果教师的思考力枯竭死板，学生的思考力也不会得到很好的发展。

其实，关于思维及思维教学的研究，欧美国家早在20世纪初已经取得相当丰硕的成果。到20世纪五六十年代，有关思维教学的理论和实证研究均已取得了长足进展。进入20世纪80年代之后，美国掀起了声势浩大的思维教学运动，有关思维教学的研究随之进入空前繁荣的时期。思维培养及思维教学虽然看起来似乎是学校教育中颇为具体、微观的话题，但其与创造力、创新精神及创造素质的养成具有密不可分的深切关联。在国外中小学思维教学研究中，对于思维教学的必要性、思维能力培养的重要意义和价值早已达成共识，但对于思维究竟是否可教或可训练、思维教学到底应该教什么、思维能力应该如何教才真正有效等问题还存在争议和分歧。为了理清在思维教学实施过程中的种种疑惑，也为了更好地服务南武的教学工作，我们将南武的思维课堂命名为“TSO 思维课堂”。

三、真教学：“TSO 思维课堂”

（一）“TSO 思维课堂”的内涵

简单地说，“思维课堂”的灵魂就是培养学生的思维能力，它是教与学的出发点，也是最终归宿。课堂的效果究竟如何，最终的评价标准要看学生懂不懂、会不会，能不能养成良好的思维习惯、运用学科方法和学科思维去分析和解决问题。

“TSO 思维课堂”最大的亮点是让我们自己发现和解决问题，增强了我们的自主学习能力。其小组合作的学习方式在增加课堂趣味性的同时，激发了我们的批判性思维和创造性思维。

——2012 级 CCAE 实验班曾晓彤

“学习金字塔”是美国国家培训实验室的研究成果，它关注的是采用不同的学习方式的学习者在 24 小时以后的平均保持率。第一种，通过“听讲”的方式学习，24 小时后的平均保持率是 5%；第二种，通过“阅读”的方式学习，可以保留 10%；第三种，通过“声音、图片”的方式学习，可以保留 20%；第四种，通过“演示”的方式学习，可以保留 30%；第五种，“讨论”，可以保留 50%；第六种，“做中学”或

“实际演练”，可以保留 75%；第七种，也是最好的学习方式，“教别人”或者“马上应用”，可以保留 90%。

“TSO 思维课堂”给予每个同学展现自我的平台，不仅有助于锻炼脑力、训练胆量，还能够提高语言表达能力。小组合作的机制，使我在一筹莫展的时候亦可求助于同伴，教学相长，相得益彰。

——2013 级 CCAE 实验班卢咏怡

学习效果在 30%以下的方式，都是个人学习或被动学习；而学习效果在 50%以上的方式，都是团队学习、主动学习和参与式学习。目前我校大力推动的“TSO 思维课堂”，就是一种团队学习、主动学习和参与式学习。“思维课堂”是一种先进理念、是一种价值追求，旨在构建教为主导、学为主体、互动合作、自主探究的课堂氛围，让学生的学习变得高效、增值。

新型的“TSO 思维课堂”必须以学生为主体，以教师为主导。教师主导作用的发挥是为了让学习的主体——学生得到更好的发展、具有更高的能力和素质。课堂的教与学必须紧紧围绕着培养学生的思维能力进行。在时间分配、学生组成和学习内容三个方面，都要体现出以培养学生的思维能力为核心。

时间分配方面：将时间还给学生，以学生的自主学习和合作探究为主。用于教师点拨、答疑的时间约占 30%，即大约 12 分钟(可以是连起来讲，也可以是分开讲)；用于学生小组内讨论、展示、交流和质疑的时间约占 50%，即大约 20 分钟；用于学生总结和训练的时间约占 20%，即大约 8 分钟。

学生组成方面：教师一个人的作用是有限的，而学生当中所蕴藏的能力和潜力是巨大的。一个班 50 个学生，大约 15 个学生通过自学能解决大多数的问题(有的问题当然需要教师指导才能解决)，25 个学生需要经过与同学讨论、老师点拨才能学会，10 个学生是大家帮助的对象。因此，我们将班内前 30%的学生确定为优秀生、中间 50%的学生确定为“中档生”、后 20%的学生确定为“待进生”。通过以小组为单位的讨论、展示、交流和质疑，促进“中档生”向上“分化”，以此扩大优秀生的比重，同时把“待进生”向“中档生”的群体推进。从理论上讲，这一做法能够实现教学的最优化，也体现了教育的民主化和公平性。

学习内容方面：我们认为 30%的内容不用讲，是学生通过自主学习就能学会的，这些内容可以放在课前预习环节由学生自己解决，既节约了时间，又提高了效率；50%的内容是学生通过小组合作学习，即通过小组内及小组间的讨论、交流和思维的碰撞才能学会的；20%的内容由老师教会，是通过老师强调、点拨并组织学生反复训练才能学会的。

(二)“TSO 思维课堂”三环节

“TSO 思维课堂”是一种先进的理念，是一种价值追求，代表了当前课堂教学发展的方向。它由课前预习、课内探究和课堂训练三个基本环节构成，导学案也相应地由预习案、探究案和训练案构成。

1. 课前预习

学生以预习案为中心，依据课本等相关材料，识记基本内容，解决一些简单问题，并记录在预习中存在的疑点和发现的问题，为将来课堂上的交流和思维碰撞做好准备。本环节重在培养学生自主学习和主动质疑的能力。

教师在预习案中要制定明确的目标，提出具体的要求，包括学习目标、学习重点、时间限制、注意事项等。引导学生在自主学习过程中理清知识的内在联系，构建合理的知识体系。

“TSO 思维课堂”教学模式示意图

2. 课内探究

教师提前到教室，组织学生做好上课准备，包括多媒体、课本、导学案等；规范板书学习目标；起立并互相问候，集中学生的注意力；简要解读学习目标，联系高考说明本节内容在整个知识体系中所处的地位。

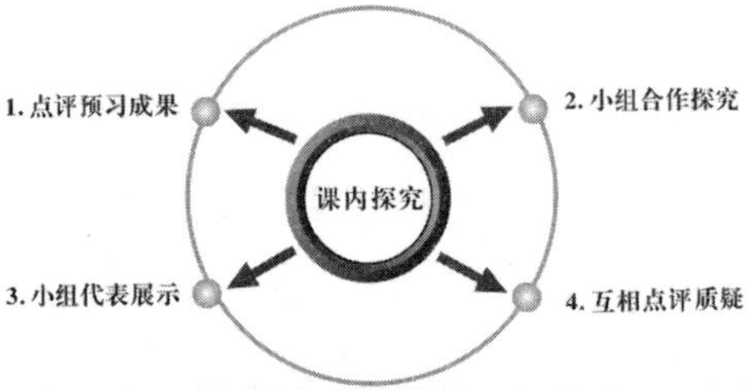

课内探究操作流程示意图

(1)点评预习或回顾训练成果

①点评预习成果，即检查、点评学生的课前预习情况。第一，学生通过自学即可解决的问题，教师在课堂上采取灵活的方式明确答案即可，只要学生没有疑问，就无须重复讲解，以节省课堂的时间、提高课堂的效率。第二，采取多种形式灵活地解答学生在预习过程中记下的疑点和新发现的问题，教师讲解、请别的组的同学回答、针对这些疑点和

问题进行一个简单的分组小讨论都可以。

②回顾训练成果，即回顾上一堂课学生完成训练案的情况。学生自主总结上节课的主要内容、通过有针对性的题目对重点内容进行训练、小组展示答案后教师进行点评等形式皆可，注意导入新课。

检查、点评课前预习情况和回顾上一堂课完成训练案的情况，可根据当堂课的实际选择其一进行，不必求全。

(2)小组合作探究

讨论时根据实际情况，以小组为单位，全体同学参加，要积极热烈，对照探究案内容，不要跑题。充分发挥小组长的领导作用，在老师下达开始讨论的指令后，由小组长主持并组织组员开展讨论，安排组员互相批改，共同讨论做错的题目或者有争议的题目，对小组内不能解决的问题也可以向老师提问，最后统一小组意见，形成答案。小组长要控制好讨论的时间，不要太长，注意老师给出的时间限制。老师以大多数小组讨论完为准，提醒同学们坐下后停止讨论，对照答案整理探究案。

(3)小组代表展示

总体的原则是 B 层次学生展示，A 层次学生点拨，C 层次学生提升。各小组任务不同时，可让各小组按顺序展示，其他小组负责质疑和补充；各小组任务相同时，可利用评价调动小组与小组之间展开竞争，并把竞争结果作为评价依据。

小组讨论

小组讨论时教师进行点拨

小组代表在黑板上展示本小组讨论的成果时，教师注意控制好课堂，采取措施让下面的学生有事可做，防止他们开小差、分神。比如，小组内进一步讨论未完成的学习任务；思考展示同学的结果，寻找疑问和错误，做好点评准备；根据学科内容，设置朗诵、角色扮演、视频播放等活动。

教师要控制展示进度，调节课堂氛围，并及时记录课堂上出现的典型问题或新生成的问题，为点拨做好准备。教师要针对各小组的展示情况进行及时评价，可用分数、掌声、口头表扬等形式。

小组代表展示，从实际出发，可采用板演、口头表达等方式

(4)互相点评质疑

教师下达“点评开始”的指令后，负责点评的同学从座位上迅速站起，走到黑板前，边走边说“我代表××组来点评，请同学们先看××组的展示”，用心看展示的对错，稍微停顿一会儿。

点评时不要挡住展示的内容，必要时侧身站立。先评价展示的对错，用红色笔打“√”“×”，简要说明原因，需改时则改，再按结果对错、书写情况、条理性和层次性打分。

负责点评的同学应大声点评，语速适中，微笑着面向同学们，快乐地表达自己的思想，强调规律、方法和注意事项，或提出疑问，或进行变式拓展。

最后，负责点评的同学要问：“对这个问题，同学们还有什么疑问或要补充的吗?”当有同学质疑时，要灵活调动全班同学都积极地思考回答，自己可以评价和补充。

在点评和质疑的环节，教师要做到收放自如。放手让学生去做，发动和引导学生进行思维成果的展示、交流和碰撞，不怕暴露问题。教与学的过程一定要重视反馈，反馈一定要落实到学生身上，给学生机会，让学生对展示者的成果、点评者的思维、教师的点拨形成反馈。教师也要及时地对学生的反馈进行反馈。关键是在上述过程中，教师要适时地纠正和解决学生暴露出来的问题，利用好课堂上新生成的教学资源，并及时地对学生的思维成果进行评价。

小组代表互相点评

小组代表点评时，接受同学质疑

教师适时处理课堂上新生成的问题

3. 课堂训练

教师以课堂检测题等形式检查学生对学习任务的落实情况，通过有针对性的练习，巩固所学，拓展知识，训练思维，形成应用能力。

课堂的最后，教师要条理清楚、简明扼要地总结课堂内容并布置适量作业。作业的布置要精选，要注意指导学生进行拓展提高，布置不同层次的同学完成个性化的作业；要规定时限，由学习小组长督促及时完成并收齐上交，由课代表送任课老师处。

教师要及时批阅作业、反馈，并做好个别学生的面批和谈话，强化落实。

(三)“TSO 思维课堂”四原则

1. 思维课堂要激发学生的思维兴趣

激发学生的思维兴趣，通俗来说就是让学生想去学。那么，如何去激发学生的思维兴趣呢？以下四个基本原则必须要遵循。

第一，要结合教学大纲、考试说明制定清晰的教学目标，让学生知道学了有用、想学，关键就是在考试中有帮助。

第二，思维兴趣的培养与生活习惯相结合、教学内容的整合与社会现实相联系，可充分激发学生的学习兴趣。

第三，要把学科的新知与未知联系起来，让学生学得高远、能看到将来的应用与价值。

第四，改进教学方法，将课堂教学策略的设计与学生相联系，让学生学得有兴趣。就是学习方法先要对路，让学生认可、愿意去学。让学生去讨论、总结、展示和发言，单纯的教师讲解会令学生觉得非常无聊，甚至打瞌睡。

2. 思维课堂要有思维的动力

仅有兴趣还不够，还应该有动力让兴趣保持下去，包括四方面内容。

第一，要讲学生不会的知识，学生不会的有疑惑的知识才是其想学的。

第二，要讲核心问题，体现本学科思维的特征。例如，文科课堂上先展示核心知识建构，有了知识建构学生才可以解决问题。

第三，要讲具有挑战性的问题。对学生进行问卷调查时发现，有些教师的课堂很热闹，但是学生认为效果不好，原因就是思维培养没有力度。华中师范大学有一位教授的话令人印象非常深刻，他说课堂上并不是要讲多难的知识、题目，而是要让学生有深刻的理解和感悟。教师要在整合学科内容的基础上，结合自己的感悟，选择有陷阱的问题或题目来讲解。

第四，保持学生的思维动力需要进行精细管理。学生分组、组内合作学习、对学生的评价等都需要下大力气进行精细化操作，今后学校会尽量从硬件和软件方面来支持教师的课堂教学改革。

3. 思维课堂要有观察、分析和感悟的特征，要把感悟的过程还给学生

引起学生思考、感悟的形式有很多，可通过图片、视频、文字材料等提出问题，再让学生在交流、反思、沟通中产生思维火花的碰撞。这里也有四方面的做法。

第一，学案上有预习案，数学课学案的处理就考虑了与课本相联系，先让学生看课本进行体验。

第二，注重不同层次学生之间的质疑、交流，如 A 层次学生可直接教 C 层次学生，B 层次学生可进一步思考。学生之间有反思和交流，才会有充分的体验和感悟。

第三，要有点评和问题探讨，例如，要求每位点评的学生点评后大

声问一句“请问同学们还有没有问题”，就是一种很好的做法。

第四，必须要有课后的总结归纳。很多学生的总结归纳非常出彩，甚至有些学生在总结归纳后还提出了一些新的问题。例如，化学课上就有学生提出：“为什么会出现10电荷和18电荷？”回答这些课堂上新生成的问题，对教师提出了更高的要求。

4. 思维课堂要有表达、交流的平台

课堂教学要融入新的教育理念，引进外校的一些做法，就是希望我们的课堂教学有大的改进。在学生交流点评中会暴露学生的很多问题，如学生不敢交流。

那么如何促进学生交流表达？一是小组讨论时要所有成员讨论总结；二是点评问题时的思辨非常重要；三是师生之间的对话；四是板书，板书不仅可以锻炼书写能力，还是思维的体现；五是交流展示，交流展示最能体现学生思维的敏捷性、清晰性和深刻性。

(四)“TSO思维课堂”注意事项

1.“TSO思维课堂”的重点是自主学习和合作探究

新课程的核心理念是促进学生的全面发展，新高考的命题原则与新课程的核心理念是一致的。作为选拔性考试，高考将知识、能力和素质的考查融为一体，其核心就是通过命题考查考生运用学科方法和学科思维分析和解决问题的能力。

与传统教学模式相比，“TSO思维课堂”模式的最大优势就在于在教师的引导下让学生去展示、点评和质疑，学生与学生之间、学生与教师之间进行思维的碰撞与交流。通过这些碰撞与交流，使学生在掌握和巩固知识的同时获得思维的升华、能力的提高。

“TSO思维课堂”的组织形式是以小组为单位的，一节课的实施包括

点评预习或回顾训练成果、小组合作探究、小组代表展示、互相点评质疑、课堂训练、课堂总结等几个环节，其中的重点是课堂上的自主学习与合作探究，即小组合作探究、小组代表展示、互相点评质疑三个环节。

教师依据课程标准和考试说明，在备课组充分讨论的基础上，选择有价值、有深度、能够有效地培养学生思维能力的内容作为学生合作探究、展示交流和点评质疑的主题。为了提高小组合作探究的效果，可以组织各小组的学生站着讨论、交流。

教师要深入理解“TSO 思维课堂”的内涵，采取有效措施，调动所有学生参与到探究成果的展示、思维的碰撞与交流中来。可以灵活地采取各种形式：A 层次学生教 B 层次学生，B 层次学生教 C 层次学生；C 层次学生负责展示，B 层次学生负责点评，A 层次学生负责质疑。到了一定时期，各种层次的学生的思维能力都有了很大提高时，也可以互换角色，让每个层次的学生都经历展示、点评和质疑的锻炼。

相互评价时，对于记忆性内容，可先进行组内一对一互查，然后由教师提问，各小组主动回答；对于非记忆性内容，教师要针对学生的展示进行纠正、完善，指导学生自己概括和总结所复习的内容，将零散的知识点穿成线、形成面，树立主干、形成网络。在此过程中，教师要引导学生注意别人想到而自己没有想到的答案或别人有创意的记录。最后，教师要注意围绕既定学习目标或生成学习目标对本节课内容进行系统的概括和总结，从整体的角度分析重点、剖析难点，总结出解决问题的方法和规律。课堂上还要注意留出一段时间让学生梳理本节课内容、整理笔记。

“TSO 思维课堂”强调以学生为主体，但并不意味着教师作用的弱化，相反，教师的作用更为重要。

2. “TSO 思维课堂”的关键是教学内容的选择

抓住思维课堂灵魂的最有效的手段之一是科学地设计问题。教师一定要围绕每一节课的核心内容，选择新颖而又适宜的材料创设问题情景。问题的设计要有梯度、要由浅入深，要事先定位好每一个问题在本节课中的地位、价值和所要发挥的作用。通过问题，在课堂的开始部分激发学生思维的兴趣，在课堂的中间部分维持学生思维的动力，在课堂的结尾部分升华学生的思维水平。

既然思维课堂的重点环节是自主学习与合作探究，那么选取什么样的主题、什么样的内容引导学生合作探究就显得尤为重要了。思维课堂教学模式下的每一个导学案都是由预习案、探究案和训练案构成的，三个案有各自不同的预定目标和价值。其中，编制好探究案是成功地上好一节思维课堂模式课的前提。

3.“TSO 思维课堂”的保障是编好用好导学案

“TSO 思维课堂”要更流畅、更有效，其保障是编制好和使用好导学案。各备课组要发挥集体的智慧，编制好每一节课的导学案，做好充分的课前准备。

编制导学案时，教师首先要在备课组充分讨论的基础上确定本节课的核心内容和要训练的核心思维是什么，然后根据考纲与课标的要求明确哪些内容学生通过自学是可以解决的、哪些内容学生通过交流与合作是可以学会的、哪些内容学生是通过教师讲解才能掌握的，最后再分别编制预习案、探究案和训练案。

预习案的设计要注意其与探究案之间的关系，要利用好教材，不能让教材一片空白。可以让学生浏览教材中的相关内容，发现并提出自己的疑问，探究案中就让学生分组讨论、解决这些问题。

课外作业要有价值，要有效，要让学生愿意做。考虑到学生的课外作业负担问题，建议各科教师根据实际需要选择预习案和训练案中的一个作为作业，另一个在课堂上解决。

（五）“TSO思维课堂”评价体系

面对新课程改革和新一轮基础教育变革的时代大潮，我主动寻求变革，结合各学科的特点，应用思维课堂理论进行了分学科的教学实践，不断邀请专家走进学校、深入课堂指导学校的思维课堂教学变革，在实践中反思并不断完善思维课堂的相关理论，逐步打造出体现现代教育特质、符合本校实情的思维课堂教学范式。在分学期推进思维课堂改革的实践和逐步扩大规模的过程中，我注重对思维课堂教与学的相关规范、机制和制度的研究与探索，逐步摸索出一套行之有效的思维课堂常规操作范式、学生学习规范、教师教学评价标准。

广州市南武中学“TSO思维课堂”教学达标评价表

时间：________ 班级：________ 课题：________________

科目：________ 授课教师：________ 评课教师：________

基本环节与要求		分值	优秀	良好	合格	不合格	得分
教学目标清晰	1. 黑板板书或课件展示课程标准（或考试大纲、教学目标）。	5	5			0	
教学内容的选择有价值、有深度、有梯度	2. 围绕考纲或课标的重难点问题，逐步展开、渐入佳境，最终获得理论升华或经验总结，形成策略。	20	18～20	15～17	12～14	0～11	
采取思维课堂的策略方法；激发学生思维兴趣、维持学生思维动力；调动和管理学生；组织和引导学生	3. 至少组织一次4～8人的学生分组讨论。教师组织学生积极参与讨论，气氛好又围绕目标任务，不跑题、不开小差、不打闹。发挥小组长的作用，形成讨论结果，做好展示准备。	10	9～10	7～8	5～6	0～4	

续表

基本环节与要求		分值	优秀	良好	合格	不合格	得分
采取思维课堂的策略方法；激发学生思维兴趣、维持学生思维动力；调动和管理学生；组织和引导学生	4. 至少组织小组代表展示探究成果一次。小组代表脱稿展示为最优，板书或口头表达流畅、清晰，抓住重点，强调思路、方法或策略。	15	14～15	12～13	10～11	0～9	
	5. 至少组织学生相互质疑、思维碰撞一次。教师鼓励学生相互质疑，引导学生拓展思维，及时处理课堂上新生成的问题，解决学生与学生之间、学生与教师之间的分歧。	20	18～20	15～17	12～14	0～11	
	6. 教师点评学生的讨论、展示与质疑情况，可分开也可综合点评。点评及时、到位，注意既要肯定学生的闪光点，又要帮助学生分析需要改进和提升之处；指导学生讲究方法和策略。	10	9～10	7～8	5～6	0～4	
课堂小结	7. 教师或学生进行课堂小结皆可。目标清晰，条理清楚，简明扼要；注意理论升华和策略形成。	10	9～10	7～8	5～6	0～4	
课堂训练	8. 课堂上至少有一次练习和反馈。根据课堂实际，选择题或非选择题皆可；围绕重要考点、易混点；夯实基础，拓展思维，提升应试能力，形成策略。	10	9～10	7～8	5～6	0～4	
合计得分(满分100分)							

注：评课者严格按思维课堂要求打分，合计得分75分以上者为思维课堂教学达标。

四、"TSO 思维课堂"主要成果

自 2011 年开始，我从推行导学案教学、研究思维课堂、建设"古风·蓝韵"拓潜特色课程三个方面入手，分问题讨论、理论准备、课题研究、班科课例实验、研讨课打磨、示范课评比、成果提炼七个步骤，渐进、有序地推进"两个转变"。我们出版《南武研训》校本刊物 15 期、组织全体教师学习《活跃课堂思维的教学策略》《思维教学——培养聪明的学习者》《训练学生的思维》等理论著作和文章，让全体教师初步掌握课堂教学中训练学生思维能力的基本理论；我用一年时间全面推进导学案教学，为思维课堂教学研究创造条件。

2013 年 3 月，经过两年的申报、建设，"古风·蓝韵"拓潜特色课程被广州市教育局评审通过，我校成为广州市首批初中、第二批高中特色学校，并进入高中独立批次招生。2013 年 9 月，在经过两年的导学案教学探索、思维课堂教学理论准备和课题立项之后，我开始课堂教学实践研究，先在 CCAE 实验班进行实验，后逐步推广到高一、高二每个年级 3 个普通班比较实验，主要通过研讨课的形式结合学校常规教学研究进行，并在每个学科培养 2 至 3 名课型成熟的教师。

从 2014—2015 学年开始，全校推行思维课堂教学达标课，人人试讲，分批过关；不断思考、总结、提炼、完善导学案教学、思维课堂教学和"古风·蓝韵"特色课程创建和研究成果，对导学案编制与应用，思维课堂的特征、教学内容选择、教学策略应用、教学基本范式建构、课堂教学评价量表，特色课程的理念、目标、结构、教学实施等问题，有了自己的解决思路；始终坚定"质量立校、研训兴校、教师强校、文化名校"的学校发展思路，坚持教学、科研与培训相结合，坚持学校与科研机构、大专院校相结合，95％的教师参加了省外、国外学术培训，每学年举办一次学校学术论坛，每学期邀请教研专家进校园面对面指导教师科研。结合自己的教学，有50%的教师围绕导学案教学、思维课堂研究、特色课程建设，先后申报了省市区及科研立项课题72个，在核心期刊发表论文18篇。经过不懈努力，南武的课堂教学状态有了明显的改观、有了鲜明的特色、有了更厚重的内涵。

课改是一条漫长的路，“TSO思维课堂”是一种课改校本化、特色化的尝试。经过几年的发展，虽然已经取得了相当的成绩，但是作为校长，我知道，未来还长——路漫漫其修远兮，吾将上下而求索。

第八章

面向未来
建特色班级

一、何为CCAE实验班

与国内大部分人一样，我在去美国之前，也以为美国教育不太重视学生的基础知识和学业成绩。去美国深入体验后才发现，事实上完全不是这么回事。

美国的中小学教育既不像有些人所形容的那样“充满快乐，令人向往”，也不像有些人所描述的那样“基础薄弱，混乱无序”。有些我们犹犹豫豫、胆战心惊、怕被扣上“机械僵化”“应试教育”帽子的改革尝试，美国的教育同行们正在毫不犹豫地施行着。

正是基于对中美教育的深刻理解，筹备了几年的CCAE实验班终于在2012年9月开班招生。当时，70名学生和他们的老师一起，在一间小小的教室开启了CCAE实验班的探索之旅。

有人会问，什么是CCAE实验班？

CCAE实验班，即“中美高中教育完美融合实验班”(Combination of Chinese-American Education)的简称，是广州市南武中学为创办高品质国际化教育特色学校而开设的公益性、研究性实验班。CCAE实验班的特别之处在于以下几点。

第一，公立性、公益性。CCAE实验班是海珠区人民政府创办“人民满意教育”的新举措，是学校满足广大市民对优质教育多元需求的新途径。

第二，创新性。CCAE实验班遵循教育规律，致力于探讨中美高中优秀教育理念、教学制度、教学策略的融合路径，为中美教育交流搭建学习和学术平台。

第三，文化性。CCAE实验班根植百年南武深厚的欧风美雨文化土壤，打造学校国际化特色，培养学生人文素养，提升学校办学品位。

CCAE 实验班不是为准备就读美国一般高校而设的出国预科班或国际班，也不同于普通高中的重点班。它是把中美高中学校教育的长处整合在一起，探索建设适应中美优秀中学生学习的国际化高中教育，培养具有国际视野的优秀高中毕业生。CCAE 实验班是我校培养具有面向未来挑战的核心竞争力和民族情怀、国际视野的高层次精英的教育实验班，也是为高等学府输送高素质人才的课改实验班。CCAE 实验班的理念是："你不一定出国留学，但你必须具有国际视野"，"我们强调爱国主义，同时我们也要让我们的学生具有国际视野。因为他们将来要和世界各国的人打交道，要与世界上不同文化背景的人、不同类型的人进行沟通交流"。CCAE 实验班的教学融合了中美高中课程的先进要素，立足探索中国教育国际化的正确道路，通过实施"古风・蓝韵"特色教育系列课程、"TSO 思维课堂"和组织跨文化交流实践活动，"让学习发现潜能"，培养"T 型人才"。

二、CCAE 实验班的课程

在经济全球化越来越深入的今天，对教育的要求也越来越高，青少年要有更广阔的国际视野、更深入地分析问题的思维品质及更强的组织、沟通和表达能力等。

面对这样的教育形势，我校开办的 CCAE 实验班的指导思想是：坚守中国教育核心价值理念，重基础、重能力；融入美国教育特色，发展个性、促进特长，培养良好的学习习惯；融合中美有效课堂教学策略，提高课堂效率，培养学生良好的学科思维品质。以期使学生具有国际视野和较高的综合素质，让学生能够更好地迎接未来的挑战。

我校创设 CCAE 实验班的目的是"育优生"，目标是使该班学生不仅具备考入国内和世界顶尖大学的能力，还能在步入社会后成为各行各业的领军人物。

要实现这些目标，课程的设置和实施是根本。

首先，CCAE实验班的学生要高标准修完国家高中课程标准规定的课程和学分，以获得比较扎实的学术发展能力。

其次，在此基础上，我们增加或整合了如下课程，以期培养学生优秀的思维品质和创新能力。

中英文语言艺术课：通过演讲、辩论、朗诵能力的专门训练，培养学生运用语言和语言思维的能力，掌握语言的技能与艺术，能够自如、恰当和有效地进行人际交流，以语言及其符号为媒介培养学生的文化素养以及跨文化意识。

中英文综合阅读与写作课：引入有资质的外教，开设中英文阅读与写作课、口语课和英美文学欣赏课，培养学生地道的英语思维习惯；同时进行托福词汇训练，以期帮助学生达到出国考试的要求。利用学校优质的图书馆资源，开设中文综合阅读课，储备人文知识，积累表达素材，使学生能熟练运用写作过程中的一般技能与策略、能恰当运用写作过程中的文体和修辞手法、能熟练运用阅读过程中的一般技能与策略、能灵活运用各种技能与策略阅读和诠释不同文体的语言材料。

综合实践课：该课程将国家高中课程标准要求的研究性学习、社区服务、社会实践、兴趣小组和社团活动整合在一起，在实施的过程中融探索发现、活动认知、建构式学习、创造发明等多种功能为一体。这些计划与项目可以充分展现个性化认知和研究性学习的无穷魅力，学生的创新素质和创造性能力能在这些计划与项目的完成过程中得到培养和提高。这些计划与项目完成的质量，也是学生将来参加国内重点大学自主招生面试、申请国外大学入学面试的重要成绩之一。综合实践课能够培养学生各方面的能力，包括领导能力、组织能力、社交能力、独创能力、个人特长和发展潜力等，其中特别培养批判性思维能力和人文精神，发展与他人、社会和周围的环境和谐共处的能力，使学生成为有责任感的家庭成员、社会公民和真正的文明意义上的“人”；学校邀请北京师范大学、华南师范大学的有关学科专家鉴定学生完成这些项目的成果，并加盖相应的公章，以提高项目成果的研究价值，为国内外大学面试提供有学术含量的成果证明。

工程技术课：整合国内高中通用技术、信息技术课程和美国高中工程技术类课程，培养学生科技创新能力。

CCAE 实验班的语文、数学、英语都设有一节自习课，目的是尽可能在课内解决教学内容中的主要问题，培养学生自主学习的能力，减轻学生课外学业负担。

CCAE 实验班是南武教育改革的一个品牌，而且是一个值得信赖的品牌；CCAE 实验班是百年南武盛开的一朵教育奇葩，光彩照人、熠熠生辉。过去的三年里，我一直教 CCAE 实验班的语文，我和一名同事一起一次次为 CCAE 实验班学子的成长所感动、一次次为南武学子的风采所激励。记得有一位 CCAE 实验班毕业生发来信息：校长，在南武的高中三年里，我最想用的词是“影响”。从思维课堂到南武大学堂，从“图书馆语文”到系列主题分享活动，我体验了磨砺与快乐，明白了审视和反省，学会了选择、挑战与担当。我真正地感受到了南武的教育信仰和追求，是南武影响了我、改变了我，我好想回南武啊……

而我要说，过去的几年，我最想用的词是“发现”。南武通过课程体系的构建、特色课程的开发、教与学方式的改变推动课堂教学的转型，特别是开办 CCAE 实验班，实施国际化战略，帮助不一样的学生形成更好的思维方式，发现和挖掘师生的潜能，引领他们思考职业、事业理想和人生价值。这让我“发现”了学生的更多可能、“发现”了教育的更多精彩，让学生“发现”了学习的意义、“发现”了自己更多的潜能……

今天南武教育的“影响、发现和改变”，或多或少源于南武人的教育追求与精神境界。在一百多年前，南武先贤就在南武校歌里展望了“携手同登世界之舞台，增我南武之璀玮”的百年梦想。她为南武勾画出一个蓝色的梦想——沐浴欧风美雨，融合中西教育，培养既具有民族情怀又具有国际视野的杰出人才。

近年来，学校秉持“育人为本，拓展潜能”的办学理念，弘扬“坚奉力爱”校训精神，涵韵“百年文脉”，矢志“拓潜教育”，打造“古风·蓝韵”特色，培养具有民族情怀、国际视野的“合规范、有特长、敢担当、可发展”的文雅南武人。

2012年，我们以CCAE实验班为课改实验班，践行“你可以不出国，但你必须具备国际视野”的办学理念，探索中国教育真正国际化的道路；实施“古风·蓝韵”特色课程、“TSO思维课堂”和采用分层分类小班化组织教学、项目性学习、体验式学习等特色课程、课堂和学习方式，让南武学子的高中学习生活变得更加精彩。

得益于公益性、学术性、创新性的特色优势，CCAE实验班的品牌效应日益凸显。过去几年，我校CCAE实验班的学业成绩稳居全区所有相应班级前三名。CCAE实验班学生兴趣广泛、思维活跃、表达能力强、自信担当，在各类竞赛和活动中表现优异，赢得广泛赞誉。

我们深知，课程决定着学校教育的质量。近年来，学校站在课程建设的高度，进一步凝合了“育人为本”教育理念，培育了“坚奉力爱”学校文化，探索精英人才培养模式，明确了学校创办有特色的国际化名校的发展方向，通过课程创新、课堂转型推动学校特色发展。我们将按照“图书馆语文”“蓝韵英语”的课程建设构想上好语文、英语课，条件成熟的时候，实施分层开设“探究数学”，确保语、数、英三大基础学科国际化课程改造实验得到落实、学业成绩名列前茅；我们将尽快在CCAE实验班开设从美国引进并经本土改造过的STEM课程，为同学们提供学以致用、动手操作、创新实践的学习平台。我们将继续组织包括南武周末大学堂在内的多种综合实践课，辅导学生参加各种社团、组建学科训练队，充分发挥学生个性特长；继续组织好姊妹学校交流、“模联”、耶鲁论坛等多种国际学习项目，扩大学生国际视野。

可以说，正是通过以 CCAE 这一课改实验为改革切入点，学校逐步明晰了国际化、特色化的发展路径。今天，CCAE 实验班已成为南武中学课程改革试验田，是南武教育面向国际、面向未来的重要窗口；CCAE 已成为南武乃至广州的教育改革的一个闪光点。

面对成绩，我们深知学校特色发展是一个持续追求优质化、个性化的过程，在课程建设与特色建设上，我们还要不断探索创新。

今天的南武中学不是最好的学校，但肯定是发展最快的学校。百年南武有百年辉煌，也有历史沉疴，但学校的发展却富有个性，且很真实、醇厚。高中教育发展面临转型，在教育国际化的今天，我常常想，如果我们把视线从现在投向未来 5 年或者 10 年，那时候的高中会是什么样？我觉得，高中教育最终将回到育人的原点。

我相信，不论经济社会如何发展，不论教育改革如何变化，南武中学都将着力彰显自己的办学理念、办学目标、价值追求。南武在课程国际化改造的教育培养模式的探究上，将仰望星空、脚踏实地，让家长放心、师生受益、学校发展！

第九章

南武之光
筑百年名校

一、校歌《南武之光》

南武學校校歌
第一章

南武學校校歌
第二章

南武之光
坚定 自豪
作词：集体创作
作曲：杨 珉
1. 珠江 如 虹
2.（岁月） 如 歌
百花 正 浓，群英 托 起 教育 强国之 梦。“坚 忍 奉公，力学 爱 国”，
羊城 赞 颂，桃李 装 点 东方 腾飞之 龙。“育 人 为本，拓展 潜 能”，
激荡 我们 心 中。岁月 成
激励 我们
功。啊 光 荣的 南 武 前进的 南武
人，啊 光 荣的 南 武 自豪的 南武 人。迎着 灿 烂 辉煌的 朝 阳，昂首 阔步
永 向 更高的 目 标，昂首 阔步 永 向 更高的目 标。

校歌是一所学校最直接的情感表达，它最能激起学子对于母校的情感。从民国时期颇具时代性的校歌到2002年的新校歌《南武之光》，我们见证了南武中学所走过的沧桑岁月。在这岁月中，流逝的是光阴，不变的是南武精神。“坚忍、奉公、力学、爱国”的校训铿锵有力，千千万万南武学子无数次唱起校歌，其中有愤慨、有激情、有快乐、有希望……当今这首《南武之光》更像是一束光，它既连接过去，又通往未来。每当周一集会或者重要活动上全校同唱校歌时，我的心头都会涌上一股莫名的感动。作为校长，我的职责就是带领全体教师“迎着灿烂辉煌的朝阳，昂首阔步永向更高的目标”。

二、南武佼佼者

(一)南武旧名人

百年南武，英才辈出。教师队伍中曾有中国第一块国际金牌获得者陈彦、中国第一个引进西方动漫教学的美术教育家潘达微、中国第一个体育硕士学位获得者许民辉和中国共产党著名活动家谭天度、杨匏安等；知名校友有广东省唯一的“国医大师”邓铁涛、著名人类学家梁钊韬、著名地理学家曾昭璇、羽毛球奥运冠军张洁雯、羽毛球世界冠军谢杏芳、世界武术锦标赛女子南拳冠军梁艳华及航海模型国际竞赛世界冠军苏健翔、黄兆林、黎振军、周智勇等。

翻开南武历史的画卷，一个个有故事的人，正向我们走来。昨天，他们用坚忍、爱国、勤恳、奋进谱写了南武的辉煌，在南武这片古老的土地留下了光辉足迹。

回望南武历史，不胜荣光。学校自创建伊始，就开广州男女学生同校之先河；在民主革命和建设新中国的队伍中，不乏南武师生矫健的身影。南武先哲中有多位同盟会成员，也有中国共产党早期的党员。从建校之初，南武的师生就充满强烈的社会责任感和历史使命感，可以说，南武的创建就是一批胸怀爱国之志的学人的振兴中华之举。学校引用陈天华烈士之名句为校训，经常宣传革命真理、培育爱国情怀、锻炼强健体魄，为建设国家培养栋梁之材。20 世纪发生在广东乃至全国的许多著名的历史事件，都有南武师生的足迹和英名。他们是南武英杰，是革命先驱者。

南武以体育扬名，当时就有“体育固驰名于南国，文化亦推重于中原”的美誉，名扬东南亚。陈彦、许民辉、丘纪祥被称为“南武三杰”，他们为推动和发展旧中国的体育运动做出了很大的贡献。

中华人民共和国成立以来，学校在体育方面取得了非常优异的成绩，中国第一个世界游泳纪录创造者戚烈云、全国女子跳伞比赛第一名张淑勤、女子羽毛球世界冠军谢杏芳等都是南武学子中的佼佼者。

他们，成就了百年南武的赫赫荣光。

新的历史时期，在拓潜教育下，南武涌现出一批批创下辉煌成绩的优秀校友：校友苏健翔代表国家队参加第三届世界航海模型锦标赛，打破世界纪录，荣获世界冠军；校友梁艳华获第十一届亚运会女子南拳亚军，并荣获首届世界武术锦标赛女子南拳冠军。

南武先贤留给我们的是一笔巨大的财富，这是我们不竭的发展动力。我衷心希望新一代南武人不辱使命、开拓创新，重整南武“体育固驰名于南国，文化亦推重于中原”的雄风，再现往日“北有南开，南有南武”的辉煌。

如今的南武校园像花园、学园、家园、乐园，南武中学以良好的校风和稳步提升的教育质量在社会上享有越来越好的办学声誉。看今朝，思明天，南武拓潜之路的光明已现眼前，南武的拓潜教育必将惠及更多的学子。

（二）南武新才俊

1. 优秀社团组织

（1）南武民乐大学堂

南武中学是省级艺术教育传统项目学校，是广州市教育局艺术教育基地学校。为弘扬优秀传统文化，光大民乐精华，支撑学校办学特色，促进学校艺术教育，南武中学在海珠区教育局和海珠区少年宫的大力支持下，免费开设了“南武民乐大学堂”社团活动校本课程，并在此基础上组建“五大民乐社”、成立高水平的“广州市南武中学民乐团”，民乐团面向南武教育集团、海珠区第一学区中小学、海珠区其他学校具有民乐特长的优秀在籍学生招收团员。“五大民乐社”即拉弦乐器社、弹拨乐器社、吹管乐器社、打击乐器社、低音弦乐社，每个民乐社开设相应的民乐课程；各社招收对民乐有一定爱好、兴趣的中小学生，分别定期学习相应的民乐课程和演奏技能。经过一段时间的学习，从中选取优秀学员，组建“广州市南武中学民乐团”。为确保民乐团课程的连续性，保证其规模稳定和质量不断提升，民乐社、民乐团的优秀学员可以留在南武读初中；符合条件的，优先录取进入南武读高中。在南武民乐大学堂的推动下，南武艺术教育成果显著，曾获“广东省第五届中小学生艺术节”朗诵甲组一等奖（广州市夺得该项目组唯一的一个一等奖）、广州市第二届中小学校艺术团展演二等奖、广州市第三届中小学校艺术团展演一等奖、广州市第七届学校艺术节器乐决赛获一等奖（南武是唯一一所获得一等奖的海珠区中学）。

（2）“手之韵”特色课程

“手部极限运动”魔方与竞技叠杯课程是结合南武中学“手之韵”拓潜

特色课程理念，力求发展学生的潜能，培养创造性思维。该课程通过拓展、开发学生手部运动潜能，激发学生参与手部极限运动的热情，让学生喜爱并积极参与，掌握手部极限运动的基本知识、技能和方法，并能在日常锻炼中加以运用。同时提高学生的体能、自主锻炼能力与环境适应能力，促进其身心全面发展；培养学生竞技锻炼的习惯、良好的思想作风、顽强的意志品质、强烈的竞争意识及高尚的团队精神，使坚持锻炼成为他们的自觉行为和生活方式，并伴随他们的一生。考虑到该项目不受时间、空间的限制，课室里、走廊里可以玩，操场上也可以玩，只需一个魔方、一套叠杯就可以，因此我们主要发动学习压力不大的初一、初二学生参与此项活动。为了更好地开展“手部极限运动”，南武初中部和高中部均成立了社团，并有专业老师指导。竞技叠杯已成为世界上超过 3 万所学校的体育培训项目的一部分，且对超过 190 万名学生及各年龄层的参与者产生积极、正面的影响，世界各地的老师们正深刻体会到竞技叠杯运动所带来的好处。我校的“手部极限运动”的比赛和成果在中央电视台、南方电视台、广东电视台、广州电视台、《羊城晚报》《广州日报》《信息时报》《南方都市报》《广东科技报》均有报道。近三年我校将魔方、竞技叠杯项目作为综合实践课的内容，取得一定的成果。2006 年吉尼斯开设叠杯的世界性挑战活动，南武中学从 2010 年开始组队挑战吉尼斯世界纪录，2010 年和 2012 年分别荣获全世界最多人一起叠杯活动的纪录证书。2012 年 12 月南武中学乘胜追击，组队挑战魔方吉尼斯世界纪录，荣获“全世界最大的魔方拼图”纪录证书。此次挑战有 20 位南武学子参加，用 81000 个魔方去描绘澳门繁荣富强的画面。南武中学还获 2009 年、2010 年海珠区青少年魔方锦标赛团体一等奖，获 2012 年海珠区少先队魔方比赛团体一等奖。学校的很多教师在这方面的探究实施过程中已初步形成了自己的教学特色，在课余也常常把“手部极限运动”作为锻炼思维和敏捷度的方式。学校开展“手部极限运动”有氛围、有扎实的学生基础。

2. 南武女子足球队

学校荣获全国女子足球特色学校、全国校园足球推广试点学校称号。南武女子足球队在国家、省、市范围内的各类比赛中屡获殊荣，赢得了广泛的社会赞誉。2015 年荣获富力杯广州市第一届中小学足球联赛初中女子组冠军、高中女子组季军，荣获广东省第十四届运动会学校体育组女子足球第四名。2016 年卫冕富力杯广州市第二届中小学足球联赛初中女子组冠军，获高中女子组第八名；代表广东省参加全国初中女子校园足球联赛总决赛，荣获第四名；参加第十三届全国学生运动会中学女子组足球项目预赛，以小组第一名出线。2017 年荣获中国中学生足球协会杯女子组亚军；荣获中国体育彩票杯广州市中学校园女子足球联赛冠军；卫冕富力杯广州市第三届中小学足球联赛初中女子组冠军，获高中女子组第七名。2017 年 7 月，荣获广州市第十七届青少年运动会初中组和高中组女足冠军。

3. 优秀学生个人

叶圣桃，2015 届 CCAE 实验班毕业生，就读于中山大学资讯管理学院。爱好阅读、朗诵与歌唱。“在南武，我不仅学业成绩能在海珠区保持名列前茅，而且能够全面发展，获得广东省头脑创新思维竞赛一等奖、头脑创新思维中国区总决赛二等奖、艺术节独唱一等奖。我开朗活泼、团结同学、乐于助人，是老师的得力助手。我相信：只要付出努力，待到山花烂漫时，我定能在丛中笑。”

詹友蓉，2016 届 CCAE 实验班毕业生，就读于中山大学国际金融学院。爱好阅读、摄影和羽毛球。“在南武，我有幸遇到了很好的老师和很好的同学，有他们与我并肩作战。现在回想起来，跟老师同学一起拼搏过的日子是一段多么宝贵的财富，是一段终生难忘的回忆。面对高考，我们需要勤奋、坚持和自律，等到高考完后，你会发现人生向你打开了新世界的大门，前方一片光明。所以说，没有经历过高三拼搏的人生是不完整的，希望你们能在拼搏中找到乐趣，在高考中旗开得胜。”

徐志航，就读于外交学院英语系。“在我看来，高中与大学生活最大的区别是时间的分配。高中时期目标比较统一，大家都向自己心仪的大学奋斗，所以时间的分配除了睡觉就是学习。而到了大学，每个人都有自己的目标，而且社团活动、导师调研、比赛竞技等都会占用不少的时间，所以怎样分配好时间就是必须要琢磨的。关于这点，我唯一的建议是找到自己最重要、最想做的事情，分配给它最多的时间。”

三、南武熠熠光

（一）现场会

1. 学校诊断与改进：北师大教育家书院走进广州市南武中学

为庆祝广州市南武中学建校110周年，传承学校优秀传统文化，提炼百年南武办学思想，促进学校内涵式发展，广州市海珠区教育局与北京师范大学教育家书院于2014年12月19—20日在南武中学共同举办“学校诊断与改进：‘古风·蓝韵’拓展潜能——教育家走进广州市南武中学”活动，内容包括“专家诊断南武中学思维课堂”“百年南武办学思想研讨会”“针对海珠区中小学发展实际，专家作主题报告”。

“专家诊断南武中学思维课堂”于2014年12月19日上午在南武中学北校区群学堂举行。活动首先观摩了南武中学初、高中两节思维课堂教学课例，接着，沈阳市第四十三中学苏虹校长，北京十一学校原校长、建华实验学校李金初校长分别代表初、高中组专家，就南武的思维课堂结合当前课堂教学改革发表演讲。杭州高级中学尚可校长对课堂教学如何培养学生的思维能力作了精彩的报告。

“百年南武办学思想研讨会”于 2014 年 12 月 19 日下午在南武中学举行。南武中学前任校长黄炽荣和我本人分别向大会作办学思想汇报。随后，天津南开中学的马跃美校长、华南师范大学的王红教授、北京师范大学的郭华教授、中山大学的陈昌贵教授就百年南武的办学思想作精彩点评和提炼指导。中国教育学会名誉会长、北京师范大学资深教授顾明远先生为大会作总结性指导报告。

“针对海珠区中小学发展实际，专家作主题报告”于 2014 年 12 月 20 日上午在海珠区少年宫小海燕剧场举行。刘月霞和裴娣娜结合海珠区教育实际，就当前课堂教学改革、学校课程改革和招生考试制度改革等热点问题，分享了她们的研究成果。

南武中学是广州市为数不多的百年老校，海珠区教育局诚邀以顾明远先生为代表的北京师范大学教育家书院的专家们走进南武，开展一系列“学校诊断与改进”活动，整合资源、搭建平台，让理论与实践互补互益、良性互动，帮助南武中学改善教育教学实践。南武中学也以此为契机提升“古风·蓝韵”的内涵，开拓创新、奋发有为，进一步提升了文化品位、扩大了知名度，擦亮了百年南武的教育品牌。

2.“广州市创新型实验室建设研讨会与课程融合现场会”在南武中学召开

由广州市教育局主办的“广州市创新型实验室建设研讨会与课程融合现场会”在南武中学召开，参加会议的有广州市教育局领导、广州市各区教育局分管领导、广州市申办示范性高中的校长等共计 200 多人。

参会学校介绍了学校创新型实验室建设和课程建设的经验。与会者现场观摩了南武 STEM 教学课堂和创意美术教学课堂，参观了南武学创空间、晦闻图书馆、音乐教室、心理咨询室等的设备和使用情况。会上，我以“未来学校，我们需要什么样的实验室”为题，重点分享了南武学创空间(STEM 学习项目)实施情况，获得嘉宾好评。市教育局江东副局长用“有理念、有创新、有内涵、有成果”的赞语，充分肯定南武的成绩。

(二)媒体眼中的南武

南武人讲南武故事：百年历史彰显南武情怀①

近日，南武中学第十二届“南华奖”总决赛拉开帷幕。在比赛现场，同学们对南武“三品、四有、八大习惯”畅所欲言，各抒己见；或歌一曲盛世汉唐，或诵一首家国天下……选手们用他们的创意和努力，将南武学子所特有的“古风·蓝韵”气质及国际视野发挥得淋漓尽致。

近年来，南武中学焕发的生机不可小觑。始建于 1905 年的南武中学，是广州市历史最悠久的名校之一，被誉为“海珠文明的摇篮”。经过几代南武人的孜孜求索，历经文化滋养的南武规模日盛，不断融合与创新。那么，南武人眼中的南武是什么样？在南武中学校长陈祥春看来，南武中学是“北有南开，南有南武”的文化传承；在老一辈校长陈焕昌看来，南武中学人才云集，鼎盛当年；在南武学生看来，一花一草一木，皆是南武情怀。

校长说南武：“南有南武”见证光辉历史

南武中学是广州市最古老的 10 所中学之一，“北有南开，南有南武”是教育家黄炎培先生早年对南武中学做出的高度评价。

“南武人并不是‘武人’，而是充满睿智的文雅的南武人。”陈祥春说，“‘南武’为广东省城之创，用‘南武’命名学校，是希望‘昭兹来许，绳厥祖武’。‘南武’是一个独具文化韵味的名字，它是一个人、一座城、一

① 原载《羊城晚报》，2017-04-26。略有改动。

所学校，更是一种品格、精神、智慧。‘北有南开，南有南武’是南武中学光荣历史和辉煌成就的见证。‘南武人，爱南武，为南武’已成为全体师生的不竭动力！”

陈祥春回忆，南武有许多“第一”。何剑吴先生在1912年任南武中学校长时，培养出了“南武三杰”陈彦、许民辉、丘纪祥，名扬东南亚。在1913年的第一届远东运动会上，陈彦获得了中国在国际体育比赛中的第一块金牌——跳远比赛金牌。这时，学校也获得了“体育固驰名于南国，文化亦推重于中原”的美誉。也就是那时候起，南武人勇于开拓、敢于担当的精神便代代传承了下来。

南武中学的校训是“坚忍、奉公、力学、爱国”，这源自辛亥革命先驱陈天华烈士的语录。“坚忍”就是坚忍不拔，勉励师生永远保持坚强刚毅、不屈不挠的奋斗精神。“奉公”是倡导陈天华烈士为反对清王朝的腐朽统治、反对帝国主义列强瓜分中国，不惜蹈海殉身的无私无畏精神，要求师生把实现国家富强、民族复兴作为自己矢志不渝的信仰。“力学”就是努力学习。陈天华烈士勤奋好学、视书如命，使他由一个放牛娃成为一个革命家、大文豪。南武以“力学”作为校训，是勉励学生学习陈天华烈士苦学成才、为国效力的革命精神。“爱国”就是弘扬陈天华烈士的爱国主义精神。“猛睡狮，梦中醒，向天一吼！百兽惊，龙蛇走，魑魅逃藏。”“‘坚奉力爱’已成为南武独有的词汇，是南武的文化标识、精神支柱、人格写照。”陈祥春说。

据介绍，南武中学的前身是南武公学会，始创于1901年春。当时，黄晦闻、杨渐逵、黄汉蕤等一批进步青年学者在河南龙溪首约成立“群学书社”，后转迁于海幢寺园照堂，易名为“南武公学会”。“公学会”在园照堂附殿开设课堂，内分设教育、编辑、辩论、体育四部，招收“公学会”同仁子女共12人就读，取名为“南武两等小学堂”，这也是广州历史上第一所男女同校学习的学堂。

“南武公学会会歌里有一句歌词：‘携手同登世界之舞台，增我南武之璀玮’。”陈祥春说，南武公学会体现了南武人的理想：办一所具有国际视野、世界水平的中学；体现了南武人的责任：移风易俗，启迪民智；体现了南武人办学的境界：要以国际视野、现代科学来武装人们的头脑。“南武人办教育，既有历史的眼光，又有世界的眼光，这些都是源自南武百年的文化因子。用文化滋养有灵魂的教育，是南武教育的独特魅力。”

校友说南武：教师队伍人才云集，鼎盛当年

在老南武人陈焕昌的眼里，南武中学不仅有一个有老革命家、老教育家的领导班子，还有一支高水平、学识渊博的教师队伍。

陈焕昌是南武中学退休校长，他回忆，自己在 1957 年下半年就到了南武中学，也就是当年的十九中，这一待便是 27 年。

“学校的老教师在市教育界的影响很大。我印象里记得，从政语数到图音体 12 个学科几乎都是我们的科头当教研会主委，或至少也是委员会成员，很出名的。”

一说起当年南武精英荟萃的教师团队，陈焕昌眼里至今依然满是自豪。当年的语文科杨琼英老师一进教室，站上讲台，话音吐出，马上就把学生带入听课的意境，雍容舒展，听课犹如享受。数学有几何大王，如叶广治、吴君颂老师。苏宝珠老师爱生如子，深受学生爱戴。英语科容亦展、宋兆鸿老师，教学经验丰富。历史科余国醒老师，从三皇五帝讲起，烂熟如流。“地理王”许健骏老师，专业更为超群，凡是高中毕业生应掌握的知识他全了然于胸。生物科两位老师区恩赐和区毅夫，人称两区并雄……“可以说，人才云集，鼎盛当年！”

陈焕昌回忆，1960 年，罗文运校长高举实验学校大旗，由十九中、三十三中、龙溪南小学合并成立了广州市实验学校，实行中小学十年一贯制。1961 年，罗校长奉派开办(新)侨光中学，老革命家王真校长到校。这两年间，新旧制并存，从小学到高中完备，颇为热闹。在老一辈教师的影响带动下，中年教师逐渐成熟，成为学校教育教学的中流砥柱；青年教师好学上进，很快成为业务上的骨干。

陈焕昌充满感情地说，112年间，大家共同谱写着南武的荣光，“那时，我们那一群教师敬业、爱生、好学、钻研、敬老成风。难忘那五爱楼二楼教师集体宿舍的深夜灯光，灯下备课，联床夜话，古榕苑内，草木含情。诗曰：高山仰止，景行行止。虽不能至，心向往之。”

学生说南武：一花一草一木，皆是南武情

如果说学校是森林，那学生就是这片森林所真正在孕育的宝藏。在现代南武学生的眼里，什么是南武精神？什么是南武情怀？

梁崔文艳是南武中学初三(3)班的一名优秀学生。她说，别看自己才初三，可已经算是“老”南武人了。到目前为止，上至外公，下至梁崔文艳这一辈，她的家里已经出了三代南武人。“我的外公当年就是看中南武中学的硬件设施和它的教学口碑而选择了南武，在南武上学期间，他真切感受到了南武的办学理念和优质的教育给自己带来的帮助，我觉得这也是为什么外公后来选择让我妈妈还有我进南武念书的原因：想把南武‘坚奉力爱’的精神传承下去。”

梁崔文艳说，“坚奉力爱”就是“坚忍、奉公、力学、爱国”，从这句校训里，自己学会了平时做事要坚持不懈的态度、回报社会的奉献精神、努力学习的上进心和爱国情怀。

“我觉得，百年南武的文化不仅是通过国旗下的演讲，也不仅是通过班会来进行灌输式的传授，而是通过一些活动，例如，每个月选出‘十字铭’中的一个字，来选出做得最好的同学成为每月之星，让大家在不知不觉中把‘十字铭’渗透到我们的为人修养和内在气质中去。”

全年级综合排名第四的初三(7)班学生叶芷君则笑言，自己的表姐是南武中学第一届 CCAE 实验班的学生，自己选择报回南武也是受到了表姐的影响："我觉得那些课程非常创新、非常吸引人，这就是南武给我的第一印象吧。虽然是百年老校，但是处处是创新与国际化，充满了活力。"

梁崔文艳和叶芷君不约而同地表示，在南武中学近三年的时光里，南武中学的集体凝聚力和同学们团结向上的状态是最打动自己，也是影响和改变自己最深的地方。"我觉得南武就像是一个大家庭，可以让我真正融入其中，有归属感和集体荣誉感。南武的一花一草一木，我都能准确认出它们在校园的哪个角落。"叶芷君说。

"与人为善，为人亲和，这是南武文化带给我的改变。在南武，从校长，到老师，到同学们，都非常亲善，乐于助人。"梁崔文艳说，南武有百年历史，在文化积淀的同时，也在不断创新。在她看来，百年南武将会一直保持着这样的活力走下去。

南武特色：用文化滋养有灵魂的教育①

百年南武，文化厚重，文化建设方面素来得到学界认可。

2016 年 4 月 22 日，第七届广东校园文化建设观摩研讨会在广州市南武中学召开，来自全国各地的学界权威齐聚一堂。中国教育学会原常务副会长郭永福、广州市教育局副局长江东等出席研讨会，并发表了重要讲话，指点学校文化建设迷津。研讨会上，南武中学校长陈祥春进一步分享了南武中学打造高品质学校文化的成功经验。

近几年，南武中学教学质量呈强劲上升态势，高考本科率由 54% 增加到 2015 年的 76%，一本率由 3%增加到 2015 年的 13%，多次获广州市高中毕业班综合评比一等奖，成为广州市发展最快的学校之一。

① 原载《羊城晚报》，2018-05-23。略有改动。

学校建设“诗意校园”

“北有南开，南有南武”，始建于1905年的南武中学，是广州市历史最悠久的名校之一，被誉为“海珠文明的摇篮”。经过几代南武人的孜孜求索，历经文化滋养的南武规模日盛，不断融合与创新，在校园文化建设上成效显著。江东副局长在现场采访中也表示，如今南武中学的学校文化气息愈发浓厚。

研讨会上，陈祥春指出：“南武中学让校园每一个景点蕴含一个故事，让我们的师生都会讲南武的故事。一个有故事的学校，应该就是一个有文化的学校；一个能让师生把学校的故事讲得很精彩的学校，应该就是一个文化建设得很好的学校。”

据记者了解，借助广州市普通高中特色课程建设的机遇，按照特色课程“诗意校园”的创建要求，南武中学把“百年南武”的历史事件、人物典故及教育功绩整体设计、建设为多个独特景点。此外，南武中学还用“古风·蓝韵”定位学校教育活动的风格，引领学校建设的理念，体现学校管理的品位，营造学校的诗意氛围。

用文化养成文雅南武人

南武中学是广州市最古老的10所中学之一。“体育固驰名于南国，文化亦推重于中原”，这是教育家黄炎培对南武“文武兼备”的高度评价。

“南武人并不是‘武人’，而是充满睿智的文雅的南武人。”陈祥春说，“‘南武’是一个独具文化韵味的名字，它是一个人、一座城、一所学校，更是一种品格、精神、智慧。”

记者了解到，南武中学将“文雅的南武人”的内涵定义为“言行文明，性情雅正，现代素养，国际视野”。学校从《大学》开篇语中得到启示：“大学之道，在明明德，在亲民，在止于至善。知止而后有定；定而后能静；静而后能安；安而后能虑；虑而后能得。”用“净、静、敬、竞、止、定、毅、安、虑、得”十字，作为修炼文雅南武人的“十字铭”，从班集体氛围和个人修养两方面开展系列教育活动。

据悉，南武中学采用“一月一字”的逐月推进修炼方式，开展了系列“十字铭”修炼主题教育活动，将其作为一条德育主干线，贯穿至每一天的教育活动中，落实在学生教育的方方面面，以此来激励、培养南武学生。

思维课堂提升课堂教学价值

南武中学倡导思维课堂教学改革，构建了自主互动探究的新课堂文化。

那么，基于“古风·蓝韵”拓潜文化特色的课堂是什么样的课堂？陈祥春指出，真正的课堂应该做到“传授知识、形成习惯、培养思维、传承文化”四位一体的“思维课堂”，“知识对于任何一种思维来说都是必不可少的，没有知识，一个人无法思维；反之，没有思维，知识又是空洞的，是缺乏创造力的。”注重学生学习习惯和思维品质的培养，是古今中外课堂教学共同的价值追求，是支撑“古风·蓝韵”特色教育的重要载体。

据悉，南武中学设置思维课堂遵循的基本原则是：能激发学生的思维兴趣，有思考的问题；能维持学生的思维动力，有思考的时间；能优化学生的思维品质，有思考的活动；能培养学生的学科思维，有思考的逻辑；能有充分的表达和交流，有思考的展示。

陈祥春说：“思维课堂是中国学校课程真正国际化的趋势，也代表了当今中外课堂教学发展的方向。”

特色文化课程滋养有灵魂的教育

南武中学2014年被广州市教育局授予“古风·蓝韵”特色学校称号，当时即引起一阵轰动，目前其“古风·蓝韵”拓潜教育课程体系已完全成型。借“古风·蓝韵”拓潜教育课程，南武中学在教学上进行了一系列卓有成效的探索。

据悉，“古风·蓝韵”课程由基础性学业课程和南武中学文凭课程两部分组成，被称为“本校的课程”。基础性学业课程由参加高考和学业水平考试所需要学习的科目与模块组成，南武中学文凭课程由潜能与思维、自管与自育、文艺与审美、体育与健康、综合与实践、科技与研究六个课程群组成。

记者了解到，“古风·蓝韵”课程分层分类实施。具体来说，学校开设了“图书馆语文”，融合中外先进的阅读教学理念，充分利用图书馆资源，分为基础语文、阅读与写作、语言运用、中国文化四个板块，按单元分类教学；“蓝韵英语”融合中外英语语言艺术教学的先进理念，着力培养学生的英语语言应用能力和跨文化理解能力，分为基础英语、英语经典著作阅读、外教口语、外教阅读与写作，按单元分类教学；“探究数学”以高中数学课程标准为基础，扩大数学知识面，夯实数学基础，拓展数学教学内容，培养良好的数学思维品质，分为数学Ⅰ、数学Ⅱ、数学Ⅲ，实行分层教学。另外，学校在理、化、生、政、史、地六大学科同样实行分层教学。

研讨会当天是周五上学时间，记者就“古风·蓝韵”特色课程向相关学生询问学习感受，该学生回答：“现在的课程设置真是太棒了！我们不但完成了必修课的学习任务，还可以根据兴趣爱好来选择选修课和实践课，学习变成了一件很快乐的事。”

中考即将来临，该学生也向记者表示，欢迎广大学弟学妹报考南武中学，丰富的学校文化及课程将为其打开一扇学业大门。

(三)百年老校结新果

老一辈的广州教育人士都记得，20 世纪 60 年代，南武中学叫“广州市实验学校”，进行了十年一贯制的教育改革，和华南师范大学附属中学、广州育才中学成为当时广州最具盛名的“三大实验学校”。80 年代，学校又进行了“中小学整体教育改革实验研究”。90 年代中后期，学校又开始了“拓潜教育”的研究。而今天南武教育的“发现和改变”，源于南武人锲而不舍的教育追求和勇于创新的精神境界。

南武中学的前身是“南武两等小学堂”，由一群非官方背景的饱学之士自发创建，带着平民化的文化个性；其创办者和创办初期的教师多具有学贯中西的文化背景，在其任教和求学者多与民主革命活动相联系，先天具有振兴民族、启迪民智的坚毅的革命精神与崇高的使命感、责任感。从南武的办学精神和办学传统这个层面上讲，足以让我们每一个“南武人”感到骄傲和自豪。可以说，南武是生而伟大的一所百年老校，而这种伟大正是源于南武从创建之初就担负着不凡的责任和使命。

一百多年来，南武几经波折沉浮，不变的是对“坚忍、奉公、力学、爱国”校训精神的坚守、对教育传统的继承和发展、对教育教学改革的探索和坚持。南武先贤留给我们的精神财富已经融入南武的血脉，南武先贤独特的精神和百年南武的文化性格在南武得到不断传承、融合和发展，成为学校发展的基石。

一百多年来，南武人薪火相传，弦歌不辍，锐意改革，敢为人先，辛勤耕耘，不断进取，成绩斐然，硕果累累。在发展历程中，南武逐渐形成了许多值得继承和弘扬的传统，一系列富有价值的文化传统逐步成为学校共同的价值观。这些价值观源于学校历史的长期积淀，决定着学校的精神高度，规范着学校各个方面的工作，引领着学校的发展方向，当然也成就了今天南武的“古风·蓝韵”特色教育。

2015 年，我们隆重举办 110 周年校庆，凝聚南武精神，丰富了南武教育内涵，扩大了南武影响力；成立广州市南武教育集团，为“做强做大”百年南武迈出了坚实的一步。学校完成学生活动中心建设，解决了部分学生住宿问题，2016 年 9 月学生宿位达到 500 个；图书馆升级改造已动工，改造后的晦闻图书馆可以同时满足400位同学自习、阅读；启动了3间STEM课程智能教室建设工程，建成后的智能教室能为学生科技创造活动提供优良的条件；学校A级食堂进一步升级，成为广东省学校食堂先进单位；初中部校园文化改造基本完工，教师办公条件得到改善，微格教室、科艺中心初步建成。

近年来，学校进一步推进课堂转型，落实常规管理，强化质量监控。管理好教学秩序，监控好课堂教学，抓好作业质量，安排好训练内容，落实好导师制，认真组织周测、月考、段考，完善教学成绩优秀评价制度，把教学质量作为教师工作的主要业绩，促进了良好教风的形成。

我们深入推进教学改革，积极开展思维课堂研究，促进课堂教学转型，打造优质、高效的课堂，聚焦教学方式与学习方式的转变，提高课堂教学质量。

学校成立“课程建设研究项目小组”，实施项目管理，积极应对高考改革对学校发展的挑战，初步完成新高一试点分层分类走班教学课程开设的准备工作，完成了“古风·蓝韵”拓潜教育课程体系建设构架，为建立南武中学独特的课程体系做好了准备。

各级管会严抓教学质量过程性管理，成效卓著。高三周密安排、科学备考，全年备考质量稳中有升；初三狠抓月考、体育考、英语口语考，工作扎实到位；高二狠抓市调研考、水平考，围绕区调研考积极开展新高考研究，思想重视，作风扎实；高一抓初高中衔接，抓学风建设、学法指导，积极调动家长参与热情，要求高、目标高、师生热情高、教育教学质量高；初一、初二围绕月考抓质量，安排细致，落实到位，成绩名列前茅。

我们精心组织，细致培训，科学、规范、有序、安全、顺利、圆满地完成了全年各项考务工作。

几年来，学校进一步完善“自管自育”体系，培养文雅南武人。基本完成自管自育德育体系，“坚奉力爱”主题系列教育活动得到不断完善和丰富，个别德育活动被评为市区级特色教育活动。进一步完善学生管理制度，加强了学生手机、男女同学交往过密教育管理，“行为规范养成教育”工作落到了实处。建立了学校安全、卫生综合周报告制度，随时绷紧学生安全这根弦。通过系列宣传教育、经常性的巡查汇报，确保学生安全与健康。重视校园社团活动，举办首届社团活动文化节、读书节，丰富了校园文化生活，促进了学生个性成长。不断提升主题教育活动文化品位。举办“南华奖”、开散学礼、升旗礼、成人礼、毕业礼活动，搭建了学生成长的平台，发挥了主题活动的教育功能。重视开展体艺、科技等活动，积极组织好各项比赛，多个项目获得市级一等奖和省级、国家级奖项。初中部代表队在“2015年广州市学校艺术节”比赛中获得一等奖。

学校重视学生全面发展，学生竞赛成绩突出。体艺、科技等工作切实执行学校制定的《学科训练队管理办法》，成绩喜人，共取得学生类奖项国家级25项、省级164项、市级315项、区级413项，学校科技组织奖项省级6项，教师类奖项省级8项、市级23项。获广州市“书香羊城”中学生辩论赛亚军和优秀组织奖、第30届海珠区青少年科技创新大赛一等奖。

南武代表队在海珠区第七届学校艺术节舞蹈类比赛中获一等奖。我校女足代表队获广州市首届中小学足球联赛初中女子组冠军、高中女子组季军，第十二届全国学生运动会女子足球四强，2014年海珠区中学生校园足球联赛女子组第一名。

目前，得益于学校课程改革的深化，我校学生核心素养不断提升，在学科竞赛中不断取得突破。如廖煊翔同学在2017年广东省化学竞赛中荣获一等奖，为我校近10年首次获此殊荣；高二年级参加广州市数学竞赛，6人获得二等奖，占海珠区二等奖获奖人数的一半；卫广溢同学参加广东省数学竞赛，获得二等奖；合唱队、朗诵队、舞蹈队、女子足球队和各类社团在全国、省市各类比赛活动中表现突出，捷报频传。我校被广东省教育厅、共青团广东省委员会、广东省少工委联合授予“广东省红领巾示范校”的荣誉称号，获第十一届头脑创新思维中国区总决赛团体一等奖、“唱响校园”2016年广州市第十三届学校合唱比赛特等奖；我校朗诵队参加第八届广州市中小学生诵读中华经典美文表演大赛决赛，获得中学组一等奖；我校获海珠区第十三届合唱节一等奖、“美韵校园”广州市中学生流行舞大赛一等奖；我校女子足球队代表广东省参加第十三届全国学生运动会中学女子组足球项目预赛，前5轮全胜，成功晋级决赛阶段，并获2016年全国初中女子校园足球联赛总决赛第四名及2016年海珠区中学生校园足球联赛初中女子组第一名、高中女子组第一名；观鸟社被评为“广州市十佳观鸟社”；“古风·蓝韵”辩论队获得广州市中学食品安全知识竞赛三等奖；动漫社在广州市中学生动漫艺术展示中获得冠军；街舞社获得“青春活力　舞动阳光”第三届广州中学(中职)生街舞社团大赛总决赛三等奖。朗诵队还获得2017年粤港姊妹学校经典美文诵读比赛亚军；辩论队还在海珠区内赢得冠军，并获得首届“帅府群英、历史之辩”冠军及“最具说服力奖”。音乐社、街舞社被评为区优秀社团；手极社被评为区特色社团；街舞社获得广州市粤美社团称号；跆拳道社获得广州市跆拳道品势公开赛第一名；乒乓球社获得广州市体育传统项目学校中学组比赛高中组女子团体第五名、高中组男子团体第二名；羽毛球社获得广州市市长杯羽毛球比赛第一名。

一路走来，南武成绩斐然。只要付出努力，实现梦想离我们仅仅一步之遥。

今天，我们承载着厚重的历史、肩负着沉重的使命，不论世界风云如何变幻、经济社会如何发展、教育改革如何变化，南武教育都将着力彰显自己的办学理念、育人目标、价值追求。

在教育国际化的今天，“古风”就是要求我们尊重自己的本土文化和民族精神。中国是全球第二大经济体，对国际社会政治、经济、科技的影响力与日俱增。中国融入世界，世界离不开中国。在文化多元化的今天，我们只有将具有独特魅力的中国的精神、东方的文明融入世界多元文化中去，才能赢得世界的尊重；“蓝韵”就是要求我们重视学生的学术能力、批判性思维、创造性解决问题能力的培养，重视学生的规则规范意识、自主自控意识、交流沟通能力的培养。

“古风·蓝韵”的价值追求要求南武培养的学生应该是既具有中国文化的魅力，又具有国际视野，在全球范围内可以很好地对话、交流、生活、发展的具有中国精神的世界公民和领袖人才。

只有领悟了南武的精神与文化，才能真正理解“古风·蓝韵”“自管自育”“诗意校园”“拓潜教育”“坚奉力爱”“思维课堂”“文雅南武人”“周末大学堂”“CCAE”“剑吴班”等南武人耳熟能详的文化形象的内涵与特质；只有融入了南武的精神与文化，才能真正理解我们倡导“自管自育”、推进“思维教学”、坚守“古风·蓝韵”的初衷和意义。

每一个南武人都应把做一个具有世界胸怀的“文雅南武人”作为自己的追求，养成良好习惯、学会独立思考、挖掘自身潜能，为自己的职业发展、事业理想和人生幸福打好基础。

南武的每一点进步，南武的每一步发展，浸透着您的力量。让我们继续携起手来，共同创造百年南武更加灿烂的明天！

四、明日南武

我想，每一个南武人都应该是怀揣梦想之人。梦想，就是对未来的美好渴望，是对自己潜能的唤醒，是对自己人生价值的尊重。梦想是前进的力量，它能给人积极向上的斗志和活力、战胜困境的信心和勇气。一个人为之奋斗的梦想越高远、越实际，他的潜能就会挖掘得越充分，他的才能就会发展得越迅速。

我们该拥有怎样的梦想？我们如何实现自己的梦想？我们应该怎样去奋斗，不要让自己的人生后悔？作为新时期的南武人，我们无不感受到压力和动力。肩负着沉重的使命，承载着厚重的历史，面对飞速发展变化的时代，我们别无选择，唯有整合各方资源、凝聚南武精神，确立极具前瞻性的发展目标，并使之深入人心，成为学校新一轮发展战略。我们始终坚持立足当下、着眼长远来谋划南武教育，不论经济社会如何发展、不论教育改革如何变化，南武教育都将以前瞻的战略和举措、以崭新的境界和使命，彰显自己的办学理念、办学目标、价值追求。

我曾经不止一次地被问道：我们的目标是把南武建设成怎样的学校？我们如何把南武的事情办好呢？这些问题也一直萦绕在我的耳畔。

其实，我们有怎样的价值观，决定了我们有怎样的梦想。社会学家研究发现，一个人 16 岁时的梦想对人生影响最大。青春年华最可贵，青春因为敢于梦想而更加美丽、因为勇于追逐梦想而更加灿烂。勤奋学习是同学们奔向梦想的阶梯。只有真正明白人生的价值和意义、明白如何通过学习体验到人生的快乐和幸福，才能绽放出自己人生的美丽。对南武学子来说，南武是实现梦想第一步的地方！

要确定办成什么样的学校，首先要准确认识现在的学校。南武是百年老校，类似的学校广州还有 5 所。和其他 5 所相比，我们学校发展的空间还很大，摆在新一届领导班子面前的任务还很重。但无论如何，南武的发展，特别是学校内涵的发展和学校教学质量的提高，可以说是刻不容缓。因此，我们对未来五年学校发展目标的定位是：把南武中学建成师资队伍优秀、课程体系完备、管理理念先进、教学成绩优良、办学水平一流的在省市有较高知名度的实验性、开放性、学术性优质国家级示范性高中。其他的不难理解，这里我要特别解释一下“实验性、开放性、学术性”。所谓实验性，就是要有教改教研态度，有敢想敢干的创新精神，有支撑学校可持续发展的研究创新项目，有能辐射到其他学校的优秀办学经验；所谓开放性，就是放眼世界，具有融贯中西教育先进理念的国际视野，就是面向社会，具有虚怀若谷、博采众长的办学胸怀，就是立足校内，具有兼容并包、学术自由的治校境界；所谓学术性，相对来说，我们学校在兼顾学生特长的基础上更加强调学生整体的学业成绩，在兼顾教师队伍的教学技能培养的基础上更加强调教师教育教学研究的学术成就，让师生和学校在更高层次上得到发展。

南武，一所令每一个南武人感到骄傲和自豪的学校。

忆往昔，多少仁人志士“挥斥方遒”，在此“激扬文字”“中流击水”“浪遏飞舟”。

看今朝，众贤毕至，少长咸集，引无数英雄竞风流。南武有幸，众生有福。新班子倍感责任重大，担子沉重。

风物长宜放眼量。新时期，新班子，我们既要有仰望星空的情怀，又要有脚踏实地的干劲。近几年来，我们致力于打造适合学生发展的教育，不论是实施课堂教学转轨，倡导“思维课堂”的课堂教学改革，还是倡导学生自主管理、自主发展，推行“自管自育”的德育模式；不论是弘扬“坚奉力爱”校训精神，还是打造“古风·蓝韵”特色教育的课程改革……这些都是我们秉承拓潜教育思想，坚持“育人为本，拓展潜能”办学理念的具体体现，都是我们摆脱教育改革实践中的琐事，坚持实施可持续发展的教育策略，坚守南武育人目标的具体体现。

2011 年至今，在区委、区政府和区教育局的领导下，我团结全体教职员工，聚精会神抓质量，一心一意促发展，经过坚持不懈的努力，使学校总体办学水平实现新的提升，完成从规范化、制度化管理向实验性、学研性、文化引领的方向转轨，形成德育优势发展、教学优先发展、文化特色发展、学校协调发展的态势，把南武中学建成师资队伍优秀、课程体系完备、管理理念先进、教学成绩优良、办学水平一流的在省市有较高知名度的实验性、开放性、学术性优质国家级示范性高中，以进一步增强教职工使命感、责任感和创新精神为重点，促进学校内涵式发展再上新台阶，努力、从容地把南武的事情做好。

把南武的事情做好，要坚定“四项学校”发展思路。

首先，必须树立“质量立校”意识。质量是学校的生命，质量是学校的凝聚力、竞争力和贡献力所在。质量立校最重要的是把提高教育教学质量作为学校工作的中心，最关键的是把教育教学质量作为衡量我们一切工作的出发点和归宿，最核心的是树立正确的质量观。其次，必须走“教师强校”之路。南武的发展，必须把师资队伍建设、优化、提高放在重要的位置。我们计划用三年的时间，加大力度结合教学实践开展校本培训，鼓励教师参加课题研究和学习交流，支持优秀骨干教师参加高层次学术会议和驻校学习，指导教师制订个人专业发展规划，采用多种形式促进教师专业发展。有好的教师，才有好的教育。教师强，则校强。同时，全体教职工应该增强“南武人”意识。“南武人”三个字积淀有厚重的历史文化，蕴含着光荣的历史传统，承载着神圣的历史使命，凝聚着亘古不变的荣耀和尊严。再次，必须高扬“研训兴校”的大旗。学校开展各项工作要谨严，要有教育意义，不能随便而为之。要有一种研究的态度，融入研训的意识、研训的方法和研训的手段。必须在研究的基础上把握规律，总结经验，提升管理效能。开展好教学研究是提高教学质量的活源泉。最后，“文化治校”是根基。深厚的文化底蕴，是南武特有的强校之基。秉承文化传统，擦亮南武品牌，是当代南武人矢志不渝的心愿。文化治校就是发挥南武特有文化资源的作用，形成新时期南武特有的文化价值体系，培育南武办学的软实力，用先进的学校文化引领学校发展。

如今，我们已成立了南武教育集团，南武人期待的大南武将变成现实。大南武之大，不仅仅是时间、规模，更重要的是内涵，是胸怀，是责任。瞻望未来，我们决心以今天为起点，继往开来，坚持改革创新，继续铭记“坚忍奉公、力学、爱国”校训精神，把握百年南武应有的性格、气质、风度和文化精髓，秉承“拓潜教育”的理念，打造“古风·蓝韵”拓潜特色，把南武建设成一个国际化、现代化、学术型、特色明显的优质教育集团，协力追逐“携手同登世界之舞台，增我南武之璀玮”的百年梦想。

放眼未来，我们期望：南武以“精雕细琢打造精品，千锤百炼争创一流”的态势，朝着“建成实验性、开放性、学术性，在省内外具有较高美誉度的国家级示范性高中和广州市历史文化名校”的发展目标昂首迈进。

附：

他们眼中的“春哥”

人生最大的乐趣在于，你永远不知道下一秒会有什么样的惊喜在等着你。而作为一名校长、一名教师，对我而言最大的乐趣在于：在那么多孩子的人生中、在他们的青春里，我曾经扮演过一个重要的角色。不管未来的他们变成什么样的人，在他们的回忆里都会有我。而这也是我生命中最宝贵的财富。

南武是我们这群人悲欢离合的载体，南武好，则大家好。在大大小小的会议上、在课堂上、在闲谈中，你们听我说了无数的话。今天，我乐意听听你们对我说的话。作为南武的大家长，作为你们的“春哥”，在这本“个人传记”里，必须有你们的一笔。

七嘴八舌，童言无忌，摘录几则，共乐之，共勉之。

【黄丹蕾同学说】

在我眼中啊，春哥是个带有些许固执、些许强硬但是非常温暖的校长。

有一次，刚从小卖部回来，就在5楼转角看到春哥的背影，整个人都不好了，就夹着尾巴跑了，结果在6楼正撞了春哥，哎，想起来也是缘分……春哥就很大力地拍着我的肩膀说：“又去小卖部？没吃早餐吗？老是那么饿啊？”“呵呵呵呵，对啊……”

不过最让我感动的是一次来自校长的很温暖的QQ生日问候，虽然我们都已经毕业了，但他原来还是记得我们每一个人，不过好像他老人家一直都叫错了我的名字……然后我才骤然发现那时候躲着嫌弃他老人家，现在想见都见不到了。“其实春哥真的很爱你们每一个人的。”终于也明白班主任的这句话了，果真只有失去的东西才会让人感到珍惜不已。

身为南武人6年，看着春哥把南武装修得越来越漂亮、扩展得越来越大，招收的学生分数越来越高。学弟学妹们啊，加油噢，别再让春哥焦躁啦，相信南武会越来越好。

【汤镟璇同学说】

慈祥的眼光藏在镜片后，喜欢背着手走路，陈校符合人们印象中所有关于“校长”的想象，但又和别的校长有些不一样。这不一样也许在于他的想法有些特别，总会在教育和学校管理上追求创新和突破，也许在于他对讲台、对学生那份特别的热情，认真投入、激情洋溢地讲课时的那种竟有些像孩子一般的可爱的状态。也许，正是因为“春哥”这个名字与我们奋斗的三年青春时光有着紧密的联系，才使他成为我们心中最为特别的校长，亦是良师，有爱、有想法、有干劲。

在高三一段时间，我们一些同学都在语文学习上遇到瓶颈，觉得老师布置的阅读作业不再能使我们有效地提高，自然没有努力去坚持完成任务和突破自己。陈校把我们叫到自习室，严厉地批评我们。他说自己担负着学校的诸多事务，依旧每天在办公室等着替我们解答问题、批改作业，督促我们学习，并不是为了看着我们渐渐变得松懈、麻木，语气中带着心疼。看着他认真、生气的样子，我们不再觉得好笑，也心疼，心疼他对我们的一番热情被我们用一盆盆冷水浇着。我最感激的，是他给予我的鼓励，让我相信在语文的学习中，无论是分数还是能力都能达到极致，而不能仅仅满足于平庸——千篇一律的事例、雷同的观点、稳妥的分数，“取乎其上，得乎其中；取乎其中，得乎其下；取乎其下，则无所得矣”。也是陈校始终给予我们期许和信任，才让我们能一直记得：我们是优秀的南武人，要时刻努力保持优秀。

CCAE实验班、“古风·蓝韵”拓潜教育、思维课堂，陈校总是在思考如何更好地培养一个人才，而不仅仅是一个成绩优异的学生，并且总能将这些设想付诸实践，使南武一天天发展起来。期待着南武因为有一位特别的校长而凝聚起一个有活力、有热情并富有实干精神的教师团队，营造出既独具人文情怀又利于思想交流碰撞的校园文化氛围，培养出更多更优秀的南武学子，使“文雅的南武人”具有更丰富和深刻的内涵。

【冼锦坤同学说】

转眼匆匆，时间飞逝，我和春哥这场持续了三年的约会已经过去了整整160天，我们和平地分手，没有吵架，没有争执，甚至没有……挽留。三年来，我忘不了春哥的回眸一笑，也忘不了他在讲坛上认真书写的样子，更忘不了他那圆圆的脸蛋上笑起来两只眼眯成一条缝的可爱模样……还有太多太多的忘不了，这都是我们之间珍贵的回忆。

春哥是个有远见、有目标、思想前卫的人，我作为第一届CCAE实验班的学生，亲眼见证着南武的蜕变和飞跃。在校园中有很多东西从无到有，也有很多东西从有到无。与美国俄亥俄州的Highland High School成为姊妹学校、学生活动中心以及宿舍的建成、特色课程的开设等，我相信这些东西都离不开春哥以及他的团队不屈不挠的努力和费尽苦心的筹划，只可惜高中的时光有限，我这个老腊肉没办法再陪春哥走下去了，希望师弟师妹们能陪春哥走得更远。

回忆起与春哥的故事，我就想起了一段奇妙的经历。那是我们的一节“图书馆语文”课，在大家都安静地坐下来之后，春哥也和我们一起静静地看起书来。可是调皮的我们总是会窃窃私语，找点乐子什么的，完全无法沉下心来静静地读书。这时，我观察到了，春哥摘下眼镜，很认真地一页一页地细细品味书本。别人都说，每个人认真专注时的样子是最帅的，那么春哥读书的样子就真的是宇宙无敌帅了！所以，我也暗地里默默地学着春哥读书的样子，开始认真地阅读起来。这虽然说起来好像有点搞笑，但是其实有很多人都是从模仿开始学会一样东西的，所以我就觉得春哥是我们学习阅读的好榜样。在高一我们刚入学的时候，春哥就强调我们要多阅读，平时要做读书笔记(又名“春卷”)，也举办过几次阅读分享会，足以证明春哥是一个爱读书的人，是一个真心为学生好的好老师、好校长。

春哥给我的感觉一直就是：淳朴、前卫、真切、可爱。

在日后南武的发展上，希望每一届的师弟师妹在各方面都能够超越上一届的师兄师姐，在春哥的领导下能够做得更加出色，为南武打下一片属于自己的天空！同时，我希望春哥能够把“走班制”实施下去，这样能够形成属于南武的教育特色，也能让师弟师妹们更好地与大学教学模式接轨。

最后，我想对春哥真切地说一声：陈校，您辛苦了，谢谢您三年来的栽培，我爱您。

【他们说】

学农时老师拍合照，春哥叫了我名字，让我拿同学的相机拍照。吃晚饭的时候，春哥来到我们这桌，问我的名字叫什么……

春哥曾经答应过和我比篮球，不知道他还记不记得了，估计现在他已经打不过我了。最记得高考那两天，春哥站在考场外，给每一位南武高考战士一个击掌、一声加油。

希望春哥继续立足本土、扩展视野，培养具有国际视野南的武人。

希望南武的学生活动中心能早日开放；在保障学生成绩稳步提升的情况下，学生社团的规模可以适当扩大。

后记

HOUJI

努力、从容把南武的事情办好

我对南武是有感情的，“南武人，爱南武，为南武”是我发自内心的呼喊，也是每一个真正的南武人的情感寄托和实践动力。2011 年 8 月，我开始担任南武中学校长，我一直用“南武爬坡说”要求自己、激励同仁。如今任期还有几年，时间虽短，变革在即，“此诚危急存亡之秋也”。面对南武先贤，感念南武人的厚爱，我丝毫不敢懈怠，尽努力，守节操！

世人皆知南武是一所百年老校，但不知其所以为“老”。走进“古、雅、精”的南武校园，你会深深地感受到：南武其实真的很有文化！

南武中学创办于 1905 年 3 月，是一所具有百年历史的老校。像南武这样有着深厚文化底蕴的中学，广州市现在只有 10 所。

开拓创新、锐意进取、宽容和合，是南武深厚文化底蕴的核心内涵。

南武的创办，就是基于 20 世纪初年“废科举、办新学”的教育发展大背景。在当时，南武是海珠区第一所新型学校，是广州市第一所男女同校的学校。创新，是南武发展的不竭动力。历史上，广州不少的社会变革运动，都留有南武校友的丰功伟绩，中国教育改革的每一个大的节点，南武同仁都走在时代的前列。“周虽旧邦，其命维新”，在南武的校脉中，“坚忍、力学”的创新信念薪火相传。

“体育固驰名于南国，文化亦推重于中原”“北有南开，南有南武”，这是著名教育家黄炎培对南武的评价。从中我们可以看出，历史上的南武是以体育出名的。为什么南武那时特别重视体育？翻开中国教育史，想想当时“甩掉‘东亚病夫’帽子”的社会现实，不难看出南武立校是和国家、民族的命运联系在一起的，南武先贤是有“复兴中华”的责任担当和襟怀的。当一所学校、一个人把自己的命运与国家、民族的命运联系在一起的时候，才真正配得上“自强不息，厚德载物”的古训，其境界、其品格就自显高尚！

老一辈的广州教育人士都记得，20 世纪 60 年代，南武中学叫“广州市实验学校”，进行了十年一贯制的教育改革，和华南师范大学附属中学、广州育才中学成为当时广州地区最具盛名的“三大实验学校”。80 年代，学校又进行了“中小学整体教育改革实验研究”。90 年代中后期，学校又开始了“拓潜教育”的研究。“拓潜教育”的基本理念是“育人为本，拓展潜能”，其坚定的教学信念是“人人有潜能，南武能拓潜”，其不懈的追求是“让课堂充满智慧，让学习变得精彩，让校园焕发活力”，其治校策略是“质量立校，教师强校，研训兴校，文化名校”。我们先后进行了拓潜教育模式研究、拓潜教育发展性评价研究、拓潜教育课堂教学模式研究、拓潜教育思维课堂研究。十年磨一剑，南武人不断寻找拓潜教育的支点、健全拓潜教育的课程体系、彰显鲜明的拓潜教育办学思想。

“和合”是“百年南武”文化的精髓，是自豪的南武人的精神“珍馐”。“和合”就是和乐和合力。和乐，即“和谐快乐”。因为和谐才快乐；和谐是过程，快乐是结果；和谐是手段，快乐是目的。在南武，“同无妨异，异不害同，五色交辉，相得益彰，八音合奏，终和且平”。同事相处和谐，部门配合和谐，师生教学和谐，人际关系和谐，校园充满和乐，独乐乐，他乐乐，众乐乐。合力，有两层含义：其一，心会，即齐心，观念一致，思想一致，目标一致，认识一致，言语一致；其二，力合，即齐力，行动一致，拧成一股绳，劲往一处使，追求“万物并育不相害，道并行而不相悖”。在南武，思想自由，兼容并包，长扬之，弊补之。南武人“己欲立而立人，己欲达而达人”，虚怀若谷，宽容互谅，团队意识强，顾全大局，筚路蓝缕，共荣共进。和合已成为南武人标识性的特征。

南武深厚的文化底蕴，集中表现在教师队伍建设质量和学生发展水平上。历史上，南武教师队伍中曾有中国第一块国际金牌获得者陈彦，有中国第一个引进西方动漫教学的美术教育家潘达微，有中国第一个体育硕士学位获得者许民辉，有中国共产党第五次全国代表大会参加者杨匏安等。南武因教师闻名，她的教师多为南粤文化、体育、艺术精英。南武百年，英才辈出，知名校友有广东省唯一的“国医大师”邓铁涛、著名人类学家梁钊韬、著名地理学家曾昭璇、羽毛球奥运冠军张洁雯、羽毛球世界冠军谢杏芳等。秉承优秀传统，延续南武校脉，如今，学校把教师强校作为发展战略之一，通过定期举办南武大学堂、中美课堂教学论坛、异地驻校研训等品牌项目，促进教师专业成长，培养名优教师，如今学校已有(教授级)正高级教师 4 人、特级教师 4 人、省市级以上名师 8 人；学校把“合规范、有特长、可发展，具有民族情怀、国际视野的文雅南武人”作为育人目标，通过促进课堂教学由知识型向思维型转轨，开设“古风·蓝韵”拓潜特色课程，成立学生社团联盟、学生志愿者联盟等，使学生全面、和谐、健康发展。

2010 年 3 月，“国医大师”邓铁涛教授为南武题词：“止戈为武”。邓老以此题词诠释对南武的情愫，寄托对南武发展的期望。此语出自《左传·宣公十二年》，是楚庄王的一个著名论点，意即“武”字是由“止”和“戈”两字合成的，真正的武功是永远停止动用武器。邓老引古训师后人，诠释南武人是有智慧、有修为、有担当的。

“南武当作诗句读，名校要如古琴听”。南武自有南武的蕴藉，名校自有名校的弦歌。和先贤同校，与名士为友，百年文化沉淀，世纪儒雅浸润。建设好南武，擦亮“百年南武”教育品牌，做大做强“历史文化南武”，任重道远。

南武是“广州市历史文化名校”，我们将永远秉承“拓潜教育”办学思想，坚持“育人为本，拓展潜能”育人理念；传承“百年南武”文化，秉持“南武人，爱南武，为南武”的情怀，践行“严勤实活”作风，弘扬“坚奉力爱”精神；紧紧围绕“自管自育”育人理念，通过“十字铭”修炼、“南华奖”评选等形式，培育“文雅南武人”；扎实推进“导学案教学”方式，研究“思维教学”，弘扬“思维·思考·思想”教学文化，建设“古风·蓝韵”拓潜特色课程，办好“CCAE 实验班、剑吴班、未来班”；创建“历史文化名园”，推进“智慧学校”建设步伐，“用文化滋养有灵魂的教育”。“携手同登世界之舞台，增我南武之璀玮”，努力把南武办成知名的实验性、开放性、学术性优质国家级示范性高中。

南武无疑是有文化、有内涵、有品质的学校。南武发展的每一个关键词，都有一个教育叙事，都有南武人的追求。

思路决定出路。把南武的事情做好，出路在于切实落实好“六大工程”。

第一，实施好教师培养“青蓝工程”是强师之举。通过“青蓝工程”培养一支适合新高考需要、贴近教育改革实际的代表教师和品牌学科，建设好 10 个“名师工作室”，充分发挥名师的示范引领作用和学生发展导师作用，培养一批省市区校级骨干教师、名教师。经过一段时间的努力，根据教师个人成长意愿和发展需求，造就 15％的研究型教师、20％的创新型教师、30％的工匠型教师。一个人遇到一个好老师是人生的幸运，一个学校拥有一批好老师是学校的光荣，一个民族源源不断地涌现一批又一批好老师则是民族的希望！

第二，实施好学校德育“自管自育工程”是育人之魂。德育不仅是“管住人”，而且是教人“如何管自己”，即自育、修身、慎独。通过“自管自育工程”，使南武的学生成为优秀的中学生、文雅的南武人。进一步完善德育活动系列化、主题教育课程化，坚持“做文雅南武人”和“十字铭”修炼教育；进一步健全学生志愿者联盟，为学生播下终身从事志愿者工作的种子；进一步建设学生社团联盟，扶持一批高水准的品牌学生社团；建立健全学生生涯发展指导机制，完善导师制，搞好学生职业规划和学业指导。德育的根本目的是立德树人，教师要不断提高自身的师德修养，用自己的爱教育人，用自己的品质影响人，用自己的热情点燃学生的激情。

第三，建立符合新高考需要和创新人才培养的“思维教学实践体系”是立校之本。首先要解决好“教什么”的问题——教什么内容、培养什么样的人才。教学内容决定质量品位，教学内容建设即学校课程建设。面对新的高考政策，学校必须把课程的整体设计放在首位，按照国家必修课程“分层、分类二次开发”与地方校本选修课程“模块化、特色化”的设计原则，建设好学校课程纲要，为学生提供丰富的可选择的课程。其次要解决好“怎么教”的问题。本着个性化、学程化、信息化的原则，通过行政班、走班、小班化组织教学，进一步完善思维课堂研究成果。通过问题驱动学习、小组合作学习，着力培养学生自主探究学习的能力。最后要解决好“怎么教得好”的问题，要适应新形势，变革学校教学评价制度，重组学校管理机制，优化教师结构，建立以课程发展为中心的学校质量提升保障机制。

第四，实施好“学校管理转型工程”是固本之策。面对新的高考政策，学校管理要有新机制，从行政主导向课程服务转变。学校内设机构从传统分类向保障课程发展需要转变；教与学由传授型的教师中心向自主合作学习的学生主体选择性转变；教学组织由单一的行政班授课制向以行政班为主，兼顾学科分层的走班教学形式转变。

第五，实施好“历史文化名园建设工程”是固本之源。在区委、区政府、区教育局的大力支持下，我们将对校园整体面貌实施“修旧如旧”的微改造，使南武校园更具历史底蕴、更有文化韵味、更有时代气息，突出“百年南武”“古、雅、精”的校园特色，营造一个优良的学习氛围；我们将根据时代、学校发展需要，重新学习、解读“八字”校训，充分发挥南武传统文化的感染力、凝聚力、制定《南武文化发展纲要》，作为全体教职工的教育教学行为准则、作为南武教师特有的气质；重视学校形象宣传，通过专题活动、学术研讨、对外交流、正面新闻报道等形式，加大南武对外宣传的力度，提升南武的美誉度和社会影响力。

第六，实施好“教师幸福工程”是浚流之道。通过思想教育，形成“同无妨异，异不害同，五色交辉，相得益彰，八音合奏，终和且平”的建立在理性、包容基础上的和谐人际关系；创造合作的工作氛围，确立注重集体评价的教师教学业绩评价观，建立评价教学团队(学科组、备课组)的评价机制，引导教学团队建设，发挥团队智慧，促进“共同富裕”；引导教师在成就学生的幸福中感受自己工作的幸福；倡导建立民主、平等、友好、和乐的师生关系，师生之间充满关爱；组织愉悦的职工活动，丰富教职工精神食粮；努力改善办公条件，坚持人性化情感管理的好做法，以教师为本，以教师为友，从细处着眼，从小事做起，让教师感受到学校不仅关注教师的工作，关心教师的专业发展，也关爱教师的生活，使教师时刻感到作为南武人的幸福和自豪、尊严和荣耀。

“昭兹来许，绳厥祖武”，办南武大教育，如同烹小鲜。南武好校园，要给人一种不可名状的舒服；南武好教育，要给人一种奋进、向上、向善的氛围！我坚信：南武，一定会让每一个南武学子的人生变得更精彩！

谨以此文，抒怀铭记。